日本社会の変化と社会学

家族・地域・生活の場面から

河野 健男 著

八千代出版

はじめに

　2010年は戦後65年を迎える年である。今の大学生に「戦後65年」といっても、格別の感慨が浮かぶわけではなかろう。平成生まれの今の大学生が物心ついたときには、すでにバブルがはじけていて、それに続く「失われた10年」がさらに延長されて今日がある。明日が今日よりもよい一日であろうことが共感できた高度成長期とは異なって、社会がよい方向に向かうであろうという実感が持てないでいるのが、今の大学生の世代である。彼らの目からすれば、政権交代があっても、長引く不況からの脱出が遅々として進まないことに見られるように、戦後に作られた既存の社会が、かつての活力を失って沈滞・漂流しているように見えるのであろう。考えてみると、日本社会が大きく変動することを体験したことがないのが、平成生まれの大学生であるから、このことは何も珍しいことではないのだ。戦前世代にとっては、約20年間隔で押し寄せた戦争体験が、自分と社会変動との接点であったであろうし、戦後生まれの世代も、高度成長による生活変化や60年安保・大学紛争・ベトナム戦争など、内外の要因による日本社会の変動を経験している。その時々の社会のあり方が、確実に諸個人の人生を規定してくるものだという認識を通じて、社会と個人とが決して無関係ではなく接点を持っているという認識があったのである。こうした社会の大きな変化を経験していない希な世代が、平成生まれの大学生であるように思われる。だから彼らが、「社会とは大きく変わるものだ」という実感が持てないのも道理であろう。

　しかしながら、人間が作り出した社会のありようは、当然のことながら歴史とともに大きく移り変わるものである。本書のささやかな目標は、大学生を中心とする若い世代に、戦後日本社会が経験した変容を理解してもらうことで、日本社会との接点を自覚することにある。そのために、社会学理論の紹介に力点を置くよりも、そもそも社会とは何か？　という疑問に答えるこ

とや近代社会の成り立ちに重点を置いた。

　第1章では、個人と社会全体との中間にある諸集団（中間団体）と諸個人との関係が社会学の焦点であることを歴史的に考察している。「社会」という日本語自体が、実は明治以降に使われ出した言葉であり、それ以前の時代では人々は村落などの地域共同体に包摂されて一生涯をすごしていたので、地域共同体を空間的に超えた「社会」という言葉が成り立つことはなかったことを述べている。

　第2章では、戦後の日本社会を通観して、各時期に日本社会が経験したことを「経済」「市民社会」「政治」の領域ごとに特徴を記述し、これら3領域間の一致・不一致という局面から日本社会の変動を理解しようとしている。なお、この章は拙稿「戦後地域社会の変容過程と部落問題解決への道―経済・社会・政治の様式変化を中心として―」（『部落問題研究』第185号 2008年）を加筆・修正している。

　第3章では、社会学が社会の現実をどのように分析してきたのかについて、デュルケムやウェーバーの事例を紹介している。そこから、社会学的分析の焦点が、集団と個人とのダイナミックスにあることを示し、翻って現代の日本では集団と個人の関係がどうなっているのか、諸個人は他者との間にいかなる関係性を構築できるのか、を考察する糸口を提供しようとしている。

　第4章では、家族研究を取り上げている。家族は、通例、人々がそこに出生し、いつしか自分の家族を形成するに至るというように、人々の一生涯に不可欠な役割を発揮する集団である。しかし、現代では、夫婦とその間に出生した子どもから構成されるのが家族であるという見方が、急速に妥当しなくなっている。戦後社会でも家族は、かなり変容しているのであり、家族を形成しない生涯や家族という紐帯から排除された諸個人も発生している。家族という集団が、他者とつながる最も身近な媒体であるとすれば、家族という関係性を持たない人々の社会との接点はどう考えられるのかを考察している。

第5章では、地域研究を取り上げている。家族の外側には、いかなる時代を通じても近隣から構成される地域社会が形成されてきた。主として日本史研究での成果に学びながら、日本社会における地域社会の形成史をまとめている。そのなかから、家族と同様に地域社会は、人々の他者との関係性が堆積することで、各時代ごとに個性ある地域住民主導の社会圏を形づくってきたこと、そして戦後社会における地域住民自治の思想基盤には、この種の地域社会史があることを述べている。なお、この章は拙稿「日本における地域社会の展開過程―歴史と地域振興思想の登場―」（松永昌三編『近代日本文化の再発見』岩田書院 2006 年）を加筆・修正している。

　第6章では、生活研究を取り上げている。社会科学の初発の動機が、一つには貧困研究にあったこと、貧困をはじめとする生活困難者に対する社会の側からの対策である社会保障の沿革を、主としてイギリスの事例からまとめ、今日では社会政策・社会保障・社会福祉の3領域がともに重要であることを述べている。そして社会学では、貧困問題を生活構造と生活様式に焦点を当てて研究してきたことを説明している。

　直近の私立大学をめぐる状況は、つづめていえば「生き残り」をかけて、対外的には広報宣伝と高校との教育連携の強化、対内的には教員に対する教育・研究のみならず学内行政への貢献が義務であるという声が強まっている。また、前述のように、平成生まれの学生が入学してくるなど、学生気質も様変わりしている。講義での板書は、ノートにメモするよりも携帯電話で写真撮影するのが珍しくはなくなり、板書した字の正しさと綺麗さに自信のない筆者などは赤面している。学問研究のスタイルも、情報調査技術の進展もあってか、現状をひたすら精緻に説明する傾向が強まり、その現状からの突破の糸口を考える傾向が乏しくなっているように思う。本書で、社会を形成する基盤である他者との関係性を強調したのも、実は、こうした傾向に疑問を持つからである。

筆者も、勤務する大学での週 10 コマの授業負担と校務などが重なり、原稿完成までに予想以上の時間がかかってしまった。八千代出版には刊行計画を遅滞させ、申し訳なく思っている。本書によって、大学に入学してくる学生諸氏に、社会学の特性と面白さを伝えることができたら幸いである。

河 野 健 男

目　　次

はじめに　i

第1章　近代社会と社会学―近代社会の成り立ち論― ・・・・・・・・・・1
第1節　社会学の成り立ち　2
社会学とは？　2　　社会圏の広がり　3　　近代社会の構図　5
第2節　近代社会の成り立ち　8
世間と社会　8　　社会という言葉　11　　歴史人口学の知見　12
中世封建制社会の動揺と解体　15

第2章　戦後日本と社会学 ・・・・・・・・・・・・・・・・・・・・19
第1節　戦後日本社会の構造変化―経済・市民社会・政治の各領域―　21
第2節　各時期区分における特徴―経済・市民社会・政治の連接様式―　22
第1期：Pre高度成長期（1950年代前半まで）　22
第2期：高度成長期（1950年代後半〜1970年代前半）　25
第3期：Post高度成長期＝減速経済期（1970年代中頃〜1990年代前半）　30
第4期：新自由主義・格差社会期（1990年代半ば以降）　36
今日の課題　38

第3章　社会学による社会分析の特徴
　　　　　―家族研究・地域研究・生活研究の接点― ・・・・・・・・・41
第1節　個人と集団との関係　42
デュルケームの『自殺論』　44
ウェーバーの『プロテスタンティズムの倫理と資本主義の精神』　48
両者の一致と不一致　51
第2節　家族研究・地域研究・生活研究の接点　53

第4章　家族研究と社会学 ・・・・・・・・・・・・・・・・・・・・59
第1節　家族の歴史　61
モーガンとエンゲルスの学説　62　　高群逸枝の女性史研究　64
歯冠計測法による田中良之の研究　67

第2節　現代の家族　70
　　高度成長期の変化　70　　　現代家族の諸相　74
　第3節　これからの家族　82

第5章　地域研究と社会学　87
　第1節　地域社会になぜ注目するのか？　87
　第2節　日本における地域社会の展開過程　91
　　古代律令制から中世の時代　92　　　近世初頭の村　94
　　近世の町衆　95　　　歴史のなかから見えてくるもの　99
　第3節　戦後日本の地域振興思想　104
　　シビル・ミニマム論　105　　　地域主義論　106
　　内発的発展論　108

第6章　生活研究と社会学　111
　第1節　生活とは何か？　111
　第2節　生活困難者への対応の歴史　113
　　産業資本主義が確立する以前の時代　113
　　18世紀以降の第2次エンクロージャーと産業革命の時代　115
　　19世紀末から20世紀初頭の救貧法制からの脱却と近代的社会保障への道　116
　第3節　貧困対策の3領域　118
　第4節　生活構造と生活様式　121
　　社会学の課題　130

索　　引　133

第 1 章

近代社会と社会学
―近代社会の成り立ち論―

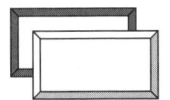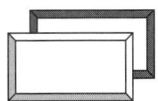

　社会学は、いうまでもなく社会科学の一分野である。すべての人間が幸福な状態で生きているわけではないという、人間社会が生み出している根本的な矛盾を解決すべく、人間を不幸な状態に陥れているさまざまな社会現象の発生要因を解明し、その解決を目指すのが社会科学の目標であろう。人間の不幸な状態とは、生活資財の不足のような物質的貧困の場合もあれば、社会的強者によって社会的弱者が支配・従属下に置かれたりする場合もあろう。さらに現代社会の特徴は、こうした諸問題が一国内で完結して現れるのではなく、国家間関係を含んで地球規模で発生していることにある。たとえば、発展途上国の飢餓や貧困といったナショナルな問題の背景には、先進諸国と開発途上諸国との支配と従属の国際関係といった複雑な国際関係が介在していることはすでに周知のことであり、意識するか否かを問わず人間の生活がグローバルな社会に包摂されていることは自明となっている。

　言い換えれば、人間が相互に関係し合う交流の範囲である社会圏が、過去の時代と比べて飛躍的に拡大しているのが現代である。社会学は、このような人と人とが交流する地理的範囲が伝統的な村落共同体の境界を越えて拡大した歴史時代において成立し、そこでの人間と人間との社会関係の特質を、とりわけ集団と個人の関係に焦点づけて解明することを課題としてきたのである。こうした社会学の成り立ちを、社会圏の広がりという歴史過程を踏まえて追ってみよう。

第1節　社会学の成り立ち

社会学とは？

　社会学とはどんな学問であるのか？　実は、この問に答えるのは、結構やっかいである。社会学と聞いて人々がイメージするのは、社会調査によって家族・近隣・職場などの集団を分析して、そこに展開されている社会関係を特定するといったものであろう。このイメージが的外れであるわけではない。しかし、人間による集団形成は、いつの時代にも自由であったわけではなく、さまざまな身分的拘束のもとで、自由な集団形成が許されていなかった時代が長く存在していた。そうした時代のことを、私たちは、通例、前近代社会と呼んでいる。その後、近代社会に入って人々は、近代市民革命の動乱期には不可能ではあったものの、次第に、労働・生産のための集団や余暇・娯楽のための集団などを自由に創ることができるようになった[1]。このことを市民的自由と呼んでいる。利潤の獲得を目標にして、意思を同じくする人間たちが、工場や企業組織を立ち上げたり、階級的階層的利害の実現のために、新しいタイプの政治組織である政党を結成したりというようにである。こうして市民的自由を獲得した人々は、中世までの前近代社会に生きた人々とは異なる一生涯を遂げるようになったのであった。

　社会学は、自由な集団形成が可能となった歴史時代としての近代社会すなわち資本主義社会の到来によって生み出された社会科学の一分野であった。新しく形成された集団と個人との関係ひいては社会との関係を分析・叙述す

---

[1]　フランス市民革命（1789年）の後、1791年に制定されたル・シャプリエ法は、打倒された旧体制を忌避する余り、市民個々人と国家政府の間にある中間団体を否定した。家族を除いて、教会・同業者組合・地域共同体なども旧体制の名残であると信じて、解散令を発した。これらの中間団体は、相互扶助の役割もあわせ持っていたのであるから、いささか行きすぎたこの法令への反省がなされ、1810年の刑法典で20名以上の相互扶助組織は許可制となった。

ることを課題にした集団分析学である社会学は、いつそしてなぜ創られなければならなかったのか、を改めて考えてみる。

社会圏の広がり

　そうすると、直ちに思いつくことは、(1)およそ人間は生命のある限り他者との交流のなかに生きているという事実である。誰でもが、通例、家族のなかに出生し、家族をはじめとする他者との交流のなかで成長・成熟し、その時代特有の定型化された社会生活を送ることになる。このことを私たちは、「社会的人間」とか「類的人間」とか呼んできた。(2)人々が触れ合う他者との世界を、私たちは「社会」とか「世の中」と呼んできた。だから社会とは、自己を包み込みながらも、本人からすると自己の外界に生起している人と人との織りなす客観的世界であることになる。だから、社会が人間たちの交流圏であるとすれば、通例、社会の概念には「自然界」は含まれないことになる。

　ところで、(3)人間の行う他者との交流の密度や地理的な範囲を「社会圏」と呼んでおくと、この社会圏は、人間の長い歴史のなかでその範囲を次第に拡大してきたことがうかがえる。では、(4)人々の社会圏が、家族・親族や村落の範囲に留まっていたのは、どの時代までだろうか？　逆に、社会圏が国家を範域とするようになったのは、いつの時代からだろうか？　そして、これが地球規模となったのは？　といった疑問が浮かび上がってくる。

　そう考えると、共通理解としていえることは、(5)古代から中世までの時代においては、人々の社会圏は、おおむね村落や城下・まち（共同体）を日常的に越えることはなかった、ということである。日本の事例でいえば、近世では、主として職業によって編成された身分を同一にする者同士が、特定の地理的範囲に集住して自己完結的な社会圏を創っていたのであって、身分を異にする人々との社会的交流は、基本的には、頻繁ではなかったと理解されてよい。また、身分ごとの自己完結的な社会圏を離れて一人一人が個別に

生きていくことは、たとえば農民であれば、村単位に行われていた水利灌漑・農道など農家経営にとって必須であった共同施設の建設・維持管理を離れては生活できなかったわけであるから、村落共同体から遊離した個別的生活の再生産は成り立たなかったのであり、その意味で共同体に包摂された生活スタイルとならざるを得なかった。

　もっとも、最近の日本史研究では、近世でも社会的分業の進展によって職業分解が進むと、帰属身分のうちに留まらない新しい階層が発生していき、ひいては帰属身分とも他の身分とも異なる独自の社会圏を形成していったり、複数の身分的社会圏域を横断したりする事例が発生していたことを「身分的周縁」論として明らかにしている。この議論は、職業・身分・居住地・社会圏を固定的あるいは不変のものと考えやすかった、これまでの近世理解に反省を迫っているものではあるが、こうした準身分階層の出現が身分制原理との矛盾を構成するものではあっても、近世が身分社会であったことを否定する議論ではない。

　人々の社会圏が、村落共同体のうちに基本的には留まっていた時代においては、人々が意識する社会の範囲とは、①交流範囲が人と人との面接を前提とし、②したがって集団全体が認識可能であり、③出来事のすべてが誰の意志によっているかを理解可能であるような範囲であった。

　(6)それに対して近代社会は、同一の民族・同一の言語・同一の経済や法制度・同一の文化などを理念とした近代国家の誕生によって、人々の社会圏を一挙に国民国家単位にまで広げた。周知のように、日本では、個々の大名による地域分割支配体制であった幕藩体制が明治維新によって覆され、明治新政府が一元的に全国を支配・統治する時代となり、身分制の撤廃と職業・居住地などの選択の自由が、実態はさておき法制上は保障され、自由な市民による商品生産を基軸とする社会建設が、国家主導によって推し進められた。すなわち、貨幣経済の急速な浸透を背景とする国民国家単位の市場圏の成立は、これまでの相対的に狭い社会圏を解体して、個々の人々の生活を生産・

流通・消費の社会的総労働過程のうちに巻き込んでいったのである。

これは大きな生活革命であった。というのも、近代以前の社会が、面接集団における交換に依拠していた生活であったとすれば、近代社会では生活にとって必要な財とサービスを貨幣と商品の等価交換で取得する。しかもその際消費者は、その財が誰によっていつどこでどのようにして作られたのかを直接知ってはいないし、その必要もないのである。

(7)近代社会が達成した身分制の解体とは、身分ごとに人々が居住地を定めて労働・生活するという生活共同体の解体でもあった。したがって、近代社会の到来は、人々の生活は個人ごとに職業や居住地を選択して、自由にかつ個人責任でなされるべきものとなった。このことを別の表現で示せば、共同体への包摂から解放された諸個人が、国民国家にまで拡大した全体社会に、個別的個人あるいは孤立した個人として直接対面することでもあった。つまり、相互扶助の役割を歴史的にあわせ持っていた共同体に包摂された「〇〇村の個人」から、主権を持って自分の生活は自分で処するしか術のない市民諸個人に変換されたのである。

近代社会の構図

ここに、諸個人を単位とし、地域共同体などの中間団体を経ずに、諸個人の集合体として全体社会が、理念的に定立するという構図が成立した。したがって、近代社会の諸問題を説明しようとする社会理論の基本的構図は、個人と社会との関係を両者の対立や協調の局面で描き出すようになった。かようにして、前近代社会における共同体に埋没した「個人と集団」というテーマから近代社会における自助・自律する「個人と（全体）社会」という特有なテーマが成立した。こうした事情を友枝敏雄は、「ヨーロッパ近代社会の誕生は、私たちの認識に『個人』と『社会』という概念をもたらした。ヨーロッパ近代は、『個人』と『社会』が発見され、自然とは明確に区別された『個人』と『社会』という概念によって、世界や社会を認識するようになっ

た時代であった」と述べている²⁾。

　しかしながら、註1) で触れたように、実態的には、あらゆる時代の人間
社会には、常に中間団体が存在していた。「個人と（全体）社会」は、完全に
自律した主体的市民の集合体として近代国家や近代社会を考えて、その実現
が指向された理念であって、現実の社会の実態は「個人・中間団体・（全体）
社会」であったのだ。

　近代社会は、ひとまずは地域共同体から解放され、社会の地平で独力で生
きて行かざるを得なくなった諸個人が、労働・生産・消費などの生活諸過程
を遂行する上で、他者と協力・共同しながら結成していった新しい中間団体
の創出という局面を迎えることになった。市民的自由は、新たな中間団体の
創出を促進するものであって、生きんがための旺盛な市民活動の結果、商品
を生産販売し利益を取得するために創られた企業体や同業者団体、生産さ
れた商品を大量に販売するための商業店舗の増大、階級階層的利害の実現を期
して政治的経済的要求を掲げる政党的組織、地域を単位に住民の消費・余
暇・家庭生活上の諸要求を実現するための性別・年齢別・欲求別に創られた
地域諸組織など、さまざまな中間団体が創られ、それぞれが、他と異なる特
有な社会関係を集団・組織内に形成していった。それぞれの集団内に展開さ
れている集団と構成員との関係（集団と個人とのダイナミズム）が、当然のこと
ながら注目されることになり、個人間の権利義務関係に焦点を当てる法律学、
有用価値を持った商品の生産・流通・販売・消費の諸過程に焦点を当てる経
済学、支配と被支配との社会的編成に焦点を当てる政治学などとは異なる焦
点づけをもって、独自分野としての社会科学の一分野すなわち社会学が形成
されていった。

　社会学が市民社会そのものの集団現象を取り上げ、集団の類型ごとに特有
な社会関係を他の集団類型との比較から論じていくという手法でスタートし

---

2)　友枝敏雄『モダンの終焉と秩序形成』（有斐閣　1998 年）p. 2

たのは、この種の中間団体の噴出が見られた19世紀半ばであった。社会＝市民社会とは、実は、市民が創り上げていった集団内や集団間に見られる社会関係の累重によって決定されているという社会認識であった。前出の友枝は、社会を何から構成されると考えるかは人によってさまざまだが、おおむね近代社会の構造的要素を「経済」(財をめぐる活動領域)、「政治」(権力をめぐる活動領域)、「文化」(価値や規範をめぐる活動領域) などに見いだしている学説が多いとし、パーソンズ、ベル、ウォーラースティンらもまたこれら3つの構成部分を考えているが、「パーソンズがL機能とI機能を区別したように、政治、経済、文化とは別に、人間の結合や協力などの社会関係そのものを、独立の活動領域とすることができる。このような社会関係の領域を、人と人とのつながりの領域（狭義の社会）と呼ぶことにする。ハーバーマスがシステム統合に対立する概念として社会統合の概念を提示し、理論化しているのも、この社会関係そのものを重視しているからである」と述べ、図1-1をあげている[3]。

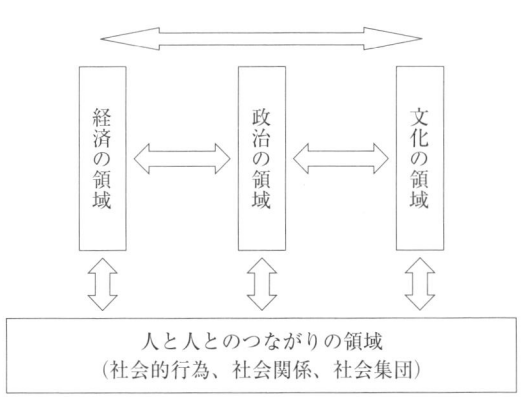

図1-1　社会の4つの領域

3）　友枝敏雄　前掲書　p.14

第 2 節　近代社会の成り立ち

1　世間と社会

　これまで説明もなしに普通に「社会」という言葉を使ってきた。誰でもが知っている日常語であり、その由来を改めて問う人も今日では少ないであろう。しかし、実は、私たち日本人が「社会」という日本語を使い出して、わずか130年ほどしかたっていない。つまり、「社会」という日本語は、明治10年代から使用した言葉である。「社会」という日本語が成立する事情には、社会学の成立に関係する重要なことが含まれているので、簡単にその経緯を追ってみたい。

　日本の近世すなわち江戸時代は、前述のように日本各地を統治する大名による地域分割統治（藩）が基盤としてあって、これを江戸の幕府政権が管理・統治下に置くという幕藩体制であった。近世初頭の17世紀には、農民たちによる重税回避のための農村逃亡（「走り」と呼んでいた[4]）も頻発したが、寛永・貞享（じょうきょう）年間の検地によって土地の所有者が定まり（「名請人（なうけにん）」）、農民としての身分が確定されると年貢納入の義務を負わされ、農村共同体の一員として村秩序のなかで一生涯を終えるようになった。すなわち、再三触れたが、村落共同体という狭い生活圏域が、通例、一人一人の全生活空間となったのである。兵農分離（「刀狩り」）と都市・農村分離（「村切り」）を通じて、それまで相対的に出入りの激しかった近世初期の「開かれた村」から「閉じられた村」へと変化したのであった。

　17世紀末の温暖化の影響もあって農業生産力が増大し、五公五民が四公六民に変更されたりして、農民に生活のゆとりが生まれると、五穀豊穣・家

---

[4]　宮崎克則『逃げる百姓、追う大名―江戸の農民獲得合戦―』（中公新書 2002 年）

内安全を祈願する信仰目的の余暇や旅も、一人旅でない限り黙認されるようになったが、村落共同体が農民たちの基本的な社会圏であったことに変わりはなかった。農民にとっては年貢納入、町人にとっては地子銭支払いや藩への財政支援が義務として負わされ、これら役と呼んだ負担が公への奉仕と思念された。すなわち、役の負担を果たしてこそ一人前の市民であり、自らの負担回避は共同体の他の成員による加重負担で補われざるを得ないことから（五人組や犯罪への親族処罰などの連帯責任）、共同体の秩序を守ることが個々人の倫理として強制されるという構造であった。「義理と恩」とは、農民や商家手代が、村や商家などの自らが所属する共同体の秩序維持のために強制されたルールであり、社会全体に対する公共性観念というよりも、もっと狭い帰属する共同体への「奉公」の観念であった。行為も精神意識も狭い範域に留められていたのである。当時の日本人も使っていた日本語である「世間」や「世の中」は、現代のような日本社会全体の意味ではなく、諸個人が直接帰属していた村や商家・まちなどの血縁・地縁や地域社会の範域のことであった。歴史学者の阿部謹也は、井原西鶴の『世間胸算用』をはじめとする「世間」の意味内容を吟味して、そこに他者との関係性のなかで個人を理解し、挨拶や贈答儀礼（互酬）によって社会関係を保つ日本人特有の慣習を発見している。人格的に独立し尊厳を持った完全な個人 Individual およびその集合体としての社会 Society とは、「世間」は本質的に異なるという主張である[5]。

　こうして近世社会で生み出されたところの、生活圏域としても意識の範域としても、狭い血縁や地域社会に留まっていた社会圏は、前述したように全体社会の公共性というレベルには昇華せず、私的生活圏での公共性たる身分的役や義理の域を出ることはなかった。むしろ、幕藩体制の維持のためには、

---

[5] 阿部謹也『「世間」とは何か』（講談社現代新書 1995 年）、『近代化と世間―私が見たヨーロッパと日本―』（朝日新書 2006 年）

狭い範囲の公共性を突破して全体社会の公共性を創造する可能性を持つような草の根からの動きは、身分制社会を覆す原動力になるかもしれないので、身分内の秩序を維持するに役立つ公共性しか認められなかったのであろう。すなわち、「分をわきまえ」主人にひたすら奉公するのが「人倫」として語られたのである。

　このような狭い社会圏に人々を押し込める諸政策が、今度は局面が反転して表出したのが、明治新政府が推し進める欧化政策に反対してわき起こった新政一揆に対する、明治新政府の信じがたいほどの弾圧であった。新政一揆は、列強諸国との不平等条約改正を国是とした明治新政府が、まずは近代国家体制をつくることが急務と考え、近世までの民衆生活で創られた慣習を一切合切因習として廃棄するよう命じた欧化政策の強行に端を発している。廃刀令や断髪令や公衆浴場男女混浴禁止はもとより、キリスト教解禁、解放令、廃仏毀釈、盆踊りや遍路禁止などの断行に対する民衆の反対一揆を、新政府は愚昧・迷信の徒と断じ、軍隊を派遣してまで弾圧したのであった。近代国家体制づくりとは、天皇をいただく中央政府が、中間団体を経ずして直接国民を統治する構図のことである。その実現のためには、理屈の上では、近世社会で形成されたところの、人々を地域共同体という中間団体に組織していく紐帯であった旧慣を徹底的に解体する必要があった。言い換えれば、近世身分制の胎内で形成された慣習や商人哲学が育んだ一定の公共性を基盤にして生み出された新政一揆のなかに、明治新政府は、たとえそれが旧慣保持の要求ではあれ、人民主導の公共性の発現であるとこれを見なし、公共性は国家のみにあると考えて、近世を地盤とした古い公共性を人民のエネルギーの源として危険視したのである[6]。

　註1）で触れたように、フランス市民革命も明治維新も、中間団体の解体という「人倫」にもとる冒険を試みたのであった。その後、明治政府は、人

6）　安丸良夫『日本ナショナリズムの前夜―国家・民衆・宗教―』（洋泉社新書　2007年）

民の公共性エネルギーが自由民権運動として出現するや、憲法および地方自治制の実施に当たらざるを得ないこととなり、地方自治が中央政府に対する反対機関とならないように、旧慣的地域ボスが地域支配層に選出されるような仕組みのもとで地方自治制を公布した。結局のところ、明治政府による新しい中間団体の組織化であった、ともいえよう。

社会という言葉

　さて、社会という日本語であるが、英語の Society が日本語にどのように翻訳されてきたのかを研究した好文献に、柳父 章『翻訳語成立事情』（岩波新書 1982 年）がある。これによると、確認できる最古のものに長崎の通詞であった本木正栄の英和辞書（1814〔文化 11〕年）がある。本木に関する情報はほとんどないが、佐藤昌介『高野長英』（岩波新書 1997 年）に幕命で『砲術備要』（1808 年）を翻訳したとの記述がある。本木の Society の翻訳は、「侶伴」でありソウバン（相伴）と読ませたとしている。侶伴は逆にすれば伴侶すなわち夫婦の意となる。明らかに、全体社会の意味を表現できてはいない。次の訳案が 1862（文久 2）年の堀達之助による「仲間、交り、一致」であり、本木の「家族」から「地域集団」にまで拡大した。1867（慶応 3）年には有名なヘボンが、「nakama 仲間、kumi 組、renchiu 連中、shachiu 社中」としたとしており、これまた地域社会の範域までである。明治に入って 1873（明治 6）年に柴田昌吉・子安峻が、「会、会社、連衆、交際、合同、社友」としており、これまでと大差ない。

　結局、苦しんでいるのは、今の言葉でいう全体社会を、当時の日本語でどのように表せるかであり、柳父 章は、全体社会という「広い範囲の人間関係という現実そのものがなかった。したがって、それを語ることばがなかった」と結論している。すでに述べたように、「世間」も「世の中」も当時は全体社会の意味ではなかったからである。では、「社会」という言葉は、いったい誰がつくったのか。いくつか意見が分かれている。歴史学者の阿部

謹也は、斎藤毅の研究を引いて西周(にしあまね)による明治10年説を支持しているようであるし[7]、大久保孝治は、『西国立志編』の訳者である中村正直をあげている[8]。また、『日本国語大辞典』（小学館）では、福地源一郎（桜痴）をあげている。

いずれにしても、柳父 章が指摘するように、経験的事実として当時の日本社会には全体社会を範域とする庶民の日常生活圏すなわち社会圏が成立していなかった。だから、新造語として「社会」という言葉がつくられたということである。近代社会は、家族・親族・同業者団体・地域社会の限界内に生きていた前近代の人々の社会圏を国民国家＝全体社会にまで拡大したのであり、そこでの新しい集団と社会関係の形成を考察することが、社会学の課題となったのである。

歴史人口学の知見

では、前近代社会から近代社会への移り変わりは、どうなされたのか？この点に関する研究は、周知のように、これまで歴史学を中心に膨大になされてきた。ここでは、新しい手法で斬新な知見を提供している歴史人口学に注目しながら、この問題を考えてみたい。

歴史人口学は、フランスのルイ・アンリ（1911-91年）によって考案された。ヨーロッパ諸国に残されていた教区簿冊 Parish Register の記述をたどって、過去の時代の家族を復元する方法である。歴史学・社会史・社会学などとも関連する家族史研究の新しい方法として注目されている。教区簿冊とは、たとえばイギリスでは、1538年にヘンリ8世が教会に記載を義務づけた、住民台帳のようなものであり、課税・兵役など広く行政目的のために利用され、その後、広くヨーロッパ社会に普及していった。もちろん、その多くは相次

---

[7] 阿部謹也『「世間」とは何か』p.175
[8] 大久保孝治『日常生活の社会学』（学文社 2008年）p.16

ぐ火災や戦乱によって焼失したのであろうが、幸運にも現代に伝わっているものがあるわけである。家族復元法とは、教区簿冊に登場した人物の生誕から死亡までを可能な限り追跡し、結婚・子の出生・子の結婚・教区外への他出・本人の死亡などといった身分変動を追跡・復元する方法である。この方法によって、たとえば、教区簿冊が残っている村落の過去の人口や世帯数・世帯規模をはじめ、平均結婚年齢、出生数や乳児死亡率、平均余命、他出者数などが判明し、統計的世代すなわちコーホートを明らかにできることになる。家族復元法が試みられた当初は、教区簿冊に登場する人物に関する記述を、出世から死亡まで追跡するのは、もちろん手作業で丹念にやらざるを得なかったが、PCの普及によって統計解析が可能になった[9]。

　さて、ここではジョージ・ハッパート『西洋近代をつくった男と女』(朝日選書 1996年) に依拠しつつ、歴史人口学から分かってきた事実を紹介する。ヨーロッパの人口は、おおむね14世紀まで増大していったのだが、それから約400年の間横ばいとなり、再び増大していくのは、18世紀を迎えてからのことであった。

　なぜ、ヨーロッパ中世の400年は人口停滞期であったのか。その要因の一つには、ヨーロッパをたびたび襲った「流行病」と呼ばれていた黒死病(腺ペスト)の猛威があげられる。1347年に初発の流行が確認されており、最後の流行は1721年である。西ヨーロッパの総人口のうち少なくとも3分の1が落命した。1347年から1350年にかけてだけでも、ほぼ2000万人の死亡者がいたとされている[10]。流行の全期間を通じて約3500万人の死亡、これ

---

9) 姫岡とし子『世界史リブレット117　ヨーロッパの家族史』(山川出版社 2008年)によれば、イギリスの「人口史・社会構造史にかんするケンブリッジ・グループ」が、16世紀半ばから300年にわたって、400以上の教区の10万件以上の家族データを復元し、その結果、晩婚・結婚後の夫婦による世帯管理・結婚前の若者の奉公人としての他出、を北西ヨーロッパに共通する傾向として見いだしたと紹介されている。pp.10-11
10) ノーマン・カンター　久保儀明・樽崎靖人訳『黒死病—疫病の社会史—』(青土社 2002年) p.13

第1章　近代社会と社会学　　13

に中国1300万人、中近東2400万人を加えれば、世界で7000万人以上の死者が出たといわれているのも頷ける。20世紀初頭に流行して5000万人を死亡させたスペイン風邪よりも、その脅威は大きく、ヨーロッパの30％から50％が死に追いやられたと理解されている。温暖化もあって人口がふくれあがった13世紀末までの状況は一変し、相手がいなくなって結婚できなくなった人が増え、15世紀中葉のイギリスでは、総人口の4分の1が未婚者となったし、労働力不足は、農奴制を急速に衰退させる結果をもたらし、下層農民の地位向上による自由民化を促進させた[11]。ユダヤ人が毒薬を井戸に流し込んでヨーロッパ人を殺戮しようとしたんだ、という流言飛語が飛び交い、ヨーロッパ各地でユダヤ人虐殺が起こったともいう。海外貿易のメッカであったイタリアでは、入港しようとする船舶を沖合に40日間留め、その間死者が船舶内で発生しなかったことを確認してから、入港を許したそうである。40を示すquarantaが英語のquarantineとなり、検疫の意味となったのである。

　歴史人口学においては、この黒死病という人間社会にもたらされた外からの要因を無視はしないが、人口停滞の要因をもっと社会に内在する構造的要因に求めている。ハッパートの説明では、資源の制約を超えて人口を増やすことは、村落ひいては社会全体の絶滅につながらざるを得ず、結果、14世紀以後のヨーロッパ村落では、人口を村の生産力の限界内に抑えるべく、晩婚が最も重要な社会システムとなった、としている。具体的な例証として、さまざまなことが語られているが、たとえば、17世紀フランスのサンリ村（人口500～700人）では、出生者の3分の1は生後1年以内に死亡しており、100人の女性が生涯に350人の子どもを出生している。そうすると、人口置換水準には達せず、人口増大とはならない。女性は、平均23歳で結婚しており、より一般的であった東欧の10歳代での結婚よりも大分晩婚であった。

---

[11]　ノーマン・カンター　前掲書　p.81、99

1377年のイギリスでは、14歳以上の女性のうち、教区簿冊の記録で結婚と子どもの出生を確認できるのは67％の女性であり、この割合は17世紀には55％にまで低下している。婚姻は、当事者同士の同意・契約で成立するものの、事実上、親世代が死亡して家屋財産を相続し、村の承認を受けた独立農民が婚姻のチャンスに恵まれる。こうした財政基盤を欠く婚姻や村掟に定めた年齢以下の婚姻は、参事会の承認が必要であった。

 相続による財産の裏付けは、婚姻年齢を男女ともに引き上げ、結婚後はじめの子どもが出生したとき親世代と同居している3世代同居は、確率的に極端に少なくなる。こうして、相続後の晩婚制を基本とする、「西洋近代の家族は、16世紀までに完全に成立」したと述べている[12]。

中世封建制社会の動揺と解体

 まとめれば、ヨーロッパ中世400年間が人口停滞であったのは、黒死病のような外的要因によるよりも、農業生産力すなわち端的にいえば食料生産高の限界内に人口数を抑制する必要があった、ということであり、村落はそこから晩婚という仕組みを生み出したのであった。後の時代になって、マルサス（1766–1834年）は『人口論』を著して、若年結婚の法的禁止や救貧法の撤廃を説いた。彼の主張は、今日では極論のそしりを免れないが、中世社会のどうしようもない低生産力状態という歴史的条件のなかで人々が生み出した晩婚策という生きるための知恵の記憶を近代初頭に伝えているように思われる。中世社会においては、生産力拡大につながるような自然科学上の知見の発展は見られず、自然観は、基本的にギリシャ哲学の段階のままであった。中世村落は、農民にとって自給自足的生活圏となっていて、村落共同体を離れては人々が生きていくことは不可能であり、村落社会が事実上の全生活空間になっていたともいえる。市民社会における旺盛な集団形成は未だ見られ

---

12) ジョージ・ハッパート『西洋近代をつくった男と女』（朝日選書 1996年）p.68

ないが故に、集団分析学たる社会学は成立していなかったのである。

　これが中世社会すなわち前近代社会の基本的姿であり、中世半ば以降の動向は、内容上、こうした中世社会の弛緩・解体、したがって市場経済の原則に基づいた近代社会を準備する萌芽の発生と成長である。

　ヨーロッパ中世でも都市においては、早いところでは 12 〜 13 世紀頃に中世自治都市がつくられ、そこでは商人や手工業者たちのコミューンが形成されていた。都市の財を手中にしようとして王政側が繰り出した軍隊を市民軍や傭兵隊によって排斥したり、あるいは多大な献納などによって事実上の自治権を獲得したのが、中世自治都市であった。ハッパートによれば、自治権は都市内のあらゆる領域におよび、交戦権や課税権をはじめ都市独自の貨幣鋳造権、祭祀権、裁判権、市民権の付与や剥奪にまで及んでいた[13]。都市は、織物・鉄砲・大砲・船舶など、当時のハイテク商品を生産し、国内外に販売して巨万の富を築いていたのである。たとえば、ドイツの自治都市であったネルトリンゲンでは、1675 年の時点で、都市人口の 5％にすぎない最富裕階級の大商人が、市税全体の 30％を負担し、これを背景に市参事会の定数 15 名のうち、10 名を占めていた。高橋友子の研究によれば、イタリアのフィレンツェでは、グェルフィ（教皇派）とギベリーニ（皇帝派）との争乱に巻き込まれることを回避すべく、1282 年に市民から市政委員を選出する共和政体の形態で自治都市が成立し、その後約 150 年もの間、中世自治都市として繁栄・君臨した。自治都市の発足当初は、カリマーラ（毛織物貿易業者）・両替商・羊毛生産業者の有力 3 組合から、平等に各 1 名の市政委員を選出したのであったが、その後次第に変化し、大商人を出自とするメディチ

---

[13] R・H・ヒルマン　瀬原義生訳『中世封建都市―英仏比較論―』（刀水書房 2000 年）では、イギリス都市と北・中央フランス都市に共通する特権として、恣意的封建裁判に対する市民人格の法的安全性、都市裁判手続きの簡素化、都市不動産の自由保有、封建領主が課すさまざまな賦課からの市民的自由、不当な財産没収からの自由、都市財政の自治、市長・裁判参審人・参事会員による都市の政治的行政的自治などをあげており、これらが封建領主の自治都市に対する激しい敵意を生んでいたとしている。pp.166-167

家などの 100 世帯の最富裕層が、都市人口の 1％でしかないにもかかわらず、フィレンツェ住民資産の 4 分の 1 を所有するまでになり、これを背景にして 1434 年にメディチ家のコジモによる専制君主的都市支配が成立することで、フィレンツェ中世自治都市は終演し、1530 年にフィレンツェ公メディチによる君主制都市となった[14]。

　一方、強力な軍隊育成による領土拡大をもくろむ王権は、富の集中する都市商人から莫大な戦費を調達した。もちろん、無償ではなく利子条件が付いていた。当時のことであるから、原本と利子の支払いは、その都度現金でなされるのではなく、王権が支配する領地に住む農民から徴収される税を、王に成り替わって都市商人が徴収する形態で代替されたようである。そうすると、王は、実質、その領土の徴税権を失ったも同然であった。商人の手に移った徴税権をランティエ、その領土をラントと呼ぶ。

　こうして、王に替わって徴税権を取得した商人の末裔たちは、次第に王宮の財政官として新興貴族にまでなり、身分の世襲を原則とする中世封建体制を胎内から侵食していった。市民階級を出自とするこうした階層の出現は、古くからの世襲的身分構成に変化を生じさせ、国政全般の掌握が次第に勃興する市民階級に移って行かざるを得なかったのである。王権・封建諸侯・騎士・教会といった中世封建社会体制は、古くさいものとなり、商品生産を基盤にして成立する市場経済への移行が、中世封建制それ自体の仕組みのなかから準備されていったのである。

　いうまでもなく、中世封建制社会における封建領主の富の源泉は、経済外的強制にある。ひらたく言えば、農民が生産した富に対する封建地代の徴収を名目とした、地代相当分を遙かに上回る強制的な徴税であり、いわば不等価交換である。中世半ば以降に進行する事態は、プロト工業家族と称されるところの、農村における織物を中心とした商品生産の拡大であり、新農民

14）　高橋友子『路地裏のルネサンス―花の都のしたたかな庶民たち―』（中公新書 2004 年）

(草地民・借家人(ホイアーリング)・共有地小屋民)などと呼ばれた、農民を出自とし次第に専業化していった織物生産業者の増大であった。遅くとも17世紀後半からヨーロッパ各地で、こうした動きは促進され、若尾裕司の研究によれば、18世紀末ドイツのラーヴェンスベルク農村では、共有地に入植して織物生産にいそしむホイアーリングや彼らに仕える奉公人といった、農村における非土地保有層の方が、伝統的農民層よりも人口構成比が高くなっていたのである[15]。生産された織物は、都市の仲買商人によって高値で買い取られ、織物生産業者の生活水準を向上させ、当時の都市市民の嗜好品であったコーヒーやカカオなども農村に普及していった。織物が商品として生産され、その市場価値同等額で貨幣と交換されるという市場経済の等価交換の仕組みが普及していったのである。経済外的強制という不等価交換と市場経済という等価交換との対立の顕在化は、中世封建制社会が歴史的役割をすでに終え、次の新しい社会に移行しつつあることを示していたのである。

---

15) 若尾裕司「プロト工業家族の歴史的位相」(『歴史評論』No.515 校倉書房 1993年)を参照。また、プロト工業化が国内市場向けだけでなく、海外市場向けでもあったことが、L・A・クラークソン 鈴木健夫訳『プロト工業化』(早稲田大学出版部 1993年)で指摘されている。

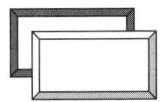 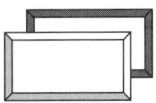

第 2 章

戦後日本と社会学

　戦後日本社会のスタートは、文字通り焦土と化した国土・国民生活からの復興が第一歩であり、1955年を起点とする高度成長を経由して、1970年代には先進工業諸国への仲間入りを果たし、その後バブル期を経て今日まで模索の時期が続いているという65年余の歴史を刻んでいる。この過程を同時代史として共感を持って語ることもできようが、これまでの65年間を一つの歴史時期として突き放して客観的に見ることが可能となったのが、21世紀の現時点である。そのようにして見てみると、これまでの65年間は、当然のことながらやはり一様ではなく、起伏に富んだ構造変化を経験した、いくつかの時期に分けて考察することができる。とりわけ、戦後史のターニングポイントとなった一時代が高度成長期であったことは広く承認されており、この時期を扱った最近の研究成果として、武田晴人『シリーズ日本近現代史8 高度成長』2008年、吉見俊哉『親米と反米』2007年、中村政則『戦後史』2005年、橘木俊詔『家計からみる日本経済』2004年（いずれも岩波新書）などの好著が相次いで出版されている。そこで、いささか月並みではあるが、戦後史を「Pre高度成長期（1950年代前半まで）」、「高度成長期（1950年代後半～1970年代前半）」、「Post高度成長期＝減速経済期（1970年代中頃～1990年代前半）」、「新自由主義・格差社会期（1990年代半ば以降）」に分けてみることもできよう。

　いうまでもなく、「Pre高度成長期」は、日本の貧弱な生産力に敗戦の直接的原因を求め、戦災復興と憲法制定などの戦後改革を通じて、日本社会に

残る封建遺制の撤廃と資本主義的近代化が図られた時代であり、「高度成長期」は、生産力の拡充が物質的幸福をもたらすと考えた「豊かさへのあこがれ」とその実現の時代であり、「Post 高度成長期」は、アメリカの世界戦略に荷担することで築いた繁栄にとってかわるオールタナティブな道を築こうとして築ききれていない、国家・社会の方向性をめぐる苦悩が直接今にも続いている時代として「新自由主義・格差社会期」につながっている。

　あわせて重要なことは、これらの戦後日本社会の歩みに即応して、社会学からも積極的な発言がなされてきたことである。戦後初期の社会学は、政治学者丸山眞男と並んで大塚久雄・川島武宜・福武直などが、市民社会論を展開して封建遺制およびそれに基盤を置く社会構造を問題視した。「高度成長期」には、松下圭一が、近代化・都市化による社会構造の変容を大衆社会論という視点から論じ、また現実のものとなった物質的繁栄がマルクス主義の陣営にもインパクトを与え、革命による国家権力の奪取を経ずとも、資本主義社会において社会主義化が可能であるとする構造改革論争が起こった。高度成長末期には、国民の90％が中間階層であるとする世論調査結果が出されたことから、階級意識論争が起こったりした。「Post 高度成長期」には、高度成長期の第2次産業隆盛を背景にした産業社会論から第3次産業を基盤とする脱産業社会論への移行が見られ、情報化社会論などが唱えられたりした。こうした時代の局面変化に応じて唱えられた各種の現代社会論の底流にあったものは何かということになれば、それはマルクス主義と近代主義との対抗であったといえるであろう。

　マルクス主義は、多くの国々でまずは特殊な革命思想として、次いで唯物論哲学として特徴づけることが可能な歴史観（史的唯物論）として受容され、ついにはマルクス経済学と称される社会科学の理論として普及していった。日本ではマルクス主義の思想は、すでに戦前の『日本資本主義発達史論争』によって社会科学の一大理論体系たる位置を確立していた。戦後社会は、弾圧・抑圧の対象であったマルクス主義の解禁であり、全体社会を歴史的にも

トータルに説明でき得る枠組みとしてマルクス主義は大きな影響力を持った。それ故に、戦後日本社会の歩みをマルクス主義の思想と理論に対する非マルクス主義陣営＝近代主義の対抗として見ることが可能である。

　この章では、戦後社会を前述した3つの時期に区分して通観することで、日本社会が経験した構造変容をたどってみようとしている。現在の大学生は、すでに平成生まれの世代となっている。思うに平成期の今日とは、第1章で紹介したように、既存の社会構造が長く続いた安定から揺らぎを見せて、さらなる変容に向かっている時代である。近未来の日本社会がどういう社会であるのかを自信を持って語ることができる人は少ないだろうが、これまでの日本社会の歩みを振り返ってみる作業は、今の社会の底辺にある力学を理解するためにも重要であると思う。

第1節　戦後日本社会の構造変化
―経済・市民社会・政治の各領域―

　現実にある社会は、経済的社会構成体として構成されている。すなわち、その時代にあって支配的な経済構造が、それにふさわしい政治構造＝統治機構や諸制度を最終的には創り出す。たとえば、自由な資本と労働力との結合によって商品が生産される仕組みである資本制近代社会は、資本と労働力との結合のためには、職業選択や居住地の自由といった法的な自由権を市民に保証せざるを得ないから、政治＝統治構造としても自由・民主主義を前提にせざるを得なくなる、というようにである。しかし、経済構造が原因と結果のようにストレートに、そして直ちに社会や政治の領域に反映されるわけではない。経済・市民社会・政治の各領域は、それを担う人々の利害関心も一様ではないことから、ときには経済と政治が相反する現象を生むこともある。このように、「経済」「市民社会」「政治」の各領域は、それぞれが相対的に独立した領域であり、政治や社会に生まれる新しい社会事象の発生は、経済構造によって一元的に、または一律に規定されるわけでもない。したがって、

「経済が主導する時代」「市民社会が主導する時代」「政治が主導する時代」とも表現できるような、どのセクターが他にも増して積極的なアクターとして社会構造をつくったのかという違いによって、その時代の特有な個性が生み出されると考えられる。

また、第1章でも触れたが、近代社会の構造的要素を「経済」（財をめぐる活動領域）、「政治」（権力をめぐる活動領域）、「文化」（価値や規範をめぐる活動領域）に求める考え方が一般的であるが、ここでは「経済」「市民社会」「政治」としておく。「市民社会」とは、「文化」（価値や規範をめぐる活動領域）を基盤にして、市民が社会のなかで行為を取り結ぶ活動領域のことである。社会学は、集団と個人との関係性という局面からこの「市民社会」の動態を分析・解明すべく構想されてきたからである。

そこで、ここでは時期区分をしながら、日本の戦後史における「経済」「市民社会」「政治」の各領域の基本的トレンドを確認しつつ、どのセクターが主導した時代であったのかによって異なってくるであろう「経済」「市民社会」「政治」のズレと一致のダイナミックスをスケッチしたいと思う。その際、時期区分は、すでに述べたように、便宜的に「Pre高度成長期」「高度成長期」「Post高度成長期＝減速経済期」、「新自由主義・格差社会期」とする。また、叙述の順序は整理の都合上、「経済」「市民社会」「政治」の順番とするが、それが直ちに直接の規定関係にあることを示すのではないことはもちろんである。あらかじめ、各時期の主要な出来事を、「Pre高度成長期」を除いてキーワードで示せば表2-1のようになろう。

第2節　各時期区分における特徴
―経済・市民社会・政治の連接様式―

第1期：Pre高度成長期（1950年代前半まで）

「Pre高度成長期」は、ここでは簡単に述べる。農地改革直後（1954年）の

表2-1 戦後社会の主要な出来事

	「高度成長期」岸・池田・佐藤内閣	「Post 高度成長期＝減速経済期」田中～中曽根内閣	「新自由主義・格差社会期」宮澤～小泉内閣
政治	60年所得倍増計画・61年福祉6法 62年全国総合開発計画 安保ただ乗り 補助金誘導政治 67年美濃部都知事など革新自治体	72年列島改造論 環境庁・公害裁判 74年田中首相金脈問題で辞任 社会市民連合・革新自由連合 行政改革・金融自由化	自衛隊派遣・PKO 93年改正労働基準法 93年自民党が野党に 94年小選挙区制（衆議院）
市民社会	60年安保闘争 都市型生活様式 都市問題・公害問題 70年大阪万博・大衆余暇	73年トイレットペーパー買い占め 72年浅間山荘・三里塚闘争 76年全国部落解放運動連合会結成	85年外国人指紋押捺問題 85年プロ野球選手会労働組合 86年雇用機会均等法 89年日本労働組合総評議会解散、日本労働組合総連合会発足
経済	製造業（自動車・家電） 60年労働者階級が過半数、57年団地、58年団地族が流行語 日本的経営の形成	73年オイルショック 74年経済成長から安定路線へ 74年GNPはじめてマイナス 内需拡大・85年バブル経済	91年バブル崩壊 93年GNP再びマイナス 金融ビッグバン

農村調査について、社会学者福武直は以下のように発言していた。

「村の階級的な動きは、完全な階級運動とはならず、農地改革が終わってしまうと、闘争目標が喪失されることになって、組合運動も低調になり、有名無実ないし解消の状態になってしまった。運動の指導者の大部分は中農化し、さらには富農化しさえした。自作化することによって、農民の土地所有欲が満たされ、保守的な魂が勝っていったのであり、再び部落の平和が望まれるようになったのである」[1]

周知のように、農地改革は一連の戦後改革のなかでも特殊な位置にあった。

---

1) 福武直『福武直著作集第5巻　日本村落の社会構造』（東京大学出版会　1976年）p.64

戦後が同時に冷戦体制のスタートであったことから、極東における反共防波堤および従属的な資本主義国という日本の位置づけをアメリカは行ったので、そこからするならば、他の戦後改革たとえば非軍事化や財閥解体は、徹底的に遂行される必要はないものであった。それに対して農地改革は、600万人を超える海外からの引き揚げ者の食糧問題という緊急の課題があったこと、また農地改革の実施は、地主という前近代的な支配層の没落であって、直接には独占資本の没落ではないことから、徹底的に実施された。戦時体制下での食料自給体制確立の必要は、自作農による安定経営に依存するしかなく、もはや地主はその意味でも桎梏でしかないことから、いわば戦後の農地改革の実施は内在的に準備されていたのである（1924年の小作調停法など）。あわせて、農地改革による自作農化は、福武の指摘にあるように土地所有欲を満たすことで体制内保守化の役割を見事に果たした。また、米作主体の日本農業は、本質的に多労働投下の集約農業であって、家族労働力に依拠した狭小経営になりやすく、欧米型のような大規模機械化農業には不向きであり、農家経営の共同化は困難であった。そこからも、個々の土地所有が満たされると共同化への道は閉ざされ、旧地主に替わる自作上農を主体とする地縁的かつ伝統的な農村支配が、伝統祭祀や共有地利用権などにおける農村部落に対する差別を組み込んで復活したのである。こうした戦後自作農体制は、1950年代半ばからの高度成長によって工業立国が進むと早々に内部から侵食されていった。労働力の供給源として農村が期待され、労働力流動化政策によって農村からの流出と賃労働者化がなされた。それでも、故郷という家郷を持った土地持ち労働者化（都市近郊では第Ⅱ種兼業農民という形をとった）という特殊日本的労働者の姿は、少なくともこの時期、非第１次産業に従事する都市工業労働者階級としての独自の階級形成と利害の確立への障碍として機能し、農村なみの低賃金と長時間労働を余儀なくさせた。

　こうして、この時期、戦後直後に解禁された私的欲求の全的肯定（国家という「公」の否定）とその発露は、性・家族・娯楽などの私人的領域に誘導さ

れ、戦前体制から解放された諸個人を単位とする全体社会規模での運動への発展の可能性は、地縁的伝統的組織という中間団体に諸個人を包摂する施策が展開されることで窒息させられていった、といえよう。地縁的組織などの中間団体は、権力が支配の道具として利用する場合と地域住民が支配にあらがう組織として利用する場合とでは、その意味合いが全く異なる。日本の歴史のなかでは、中世末にほぼ確認できる地域住民自治組織である惣村（そうそん）が、その後近世に入って村請（むらうけ）（農村共同体での年貢納入連帯責任のこと）の母体として機能させられたり、都市でもたとえば京都の町組が次第に町奉行所の末端に組み込まれたりして、権力支配の道具となったりといった経験を持っている。

　こうした中間団体の支配の側からの利用は、近代社会に入っても基本的には継承されたし、戦後社会においても同様である。第 2 期「高度成長期」における日本的経営を支える骨組みであった「企業一家主義」「企業別組合」なども、全体社会に対する中間団体としての企業や労働組合への労働者の包摂である。中間団体たる労働組合が、企業権力の支配装置になるのか支配にあらがう組織になるのかの攻防が自覚的に展開されたのが第 2 期であろう。

第 2 期：高度成長期（1950 年代後半～ 1970 年代前半）

　前述のように、この時期は、伝統的支配構造の転換が起こり、都市住民運動が隆盛し革新自治体がブームとなった時期である。詳細に見ると、この時期は、「高度成長路線を選択した」時期と「高度成長の果実が分配された」時期とに分かれると思われる。前者は、戦後復興を課題とした第 1 期「Pre 高度成長期」においてアメリカに従属する資本主義国としての体制選択をした政権党が、厳しい階級対立のなかで「講和」問題を乗り越えて、保守合同による自民党結成をテコに上から民主平和勢力に対抗してきた時期である。その前史を簡単にトレースしておく[2]。戦後直ちに日本の賠償責任を問う動きが、ポーレー使節団（1945 年）として実現し、日本の兵器・重工業設備をアジア諸国の賠償に当てるプランが浮上した。これが実施されると、日本の

総生産量は一気に 1927 年段階に低下することが予想されたことから、日本側は有沢広巳・大内兵衛・東畑精一などからなる外務省特別調査委員会 (1946 年) が、原料資源に乏しい日本では内需拡大一辺倒では中間層の育成は不可能であるとして、労働者・農民の待遇改善と生活水準向上による民主国家建設のためには、国内市場の拡大とともに貿易の拡大が必要であるとした。特に、電気通信精密機械などの労働集約的産業の育成が重要であるとして、ポーレー使節団報告に対するサボタージュがはじまった。冷戦体制の進行とともに GHQ の対日方針も変化していき、過大な賠償責任追及と貿易の制限は日本経済を弱体化させ、かえってアメリカの対日復興援助費用が増大することになるので、賠償額もポーレー案の 30％とすべきことが、アメリカ政府に提案された (第 1 次ストライク調査団〔1947 年〕)。1948 年には、冷戦体制を掲げたロイヤル声明や日本の貿易促進策を提言したドレーパー報告がなされ、ドッジライン下の 1950 年には、為替権限が日本政府に移行されて対外貿易が全面的に再開される運びとなった。ドッジラインのもとで展開された緊縮財政と単一為替レート (1 ドル 360 円) を通じて、アメリカの軍事需要に応じた供給が、とりわけ朝鮮特需として実現した。朝鮮戦争を通じて極東に占める日本の政治的経済的重要性を認識したアメリカは、西側陣営に日本を組み込むことの現実的メリットを痛感して対日講和を進めていった。日本国内では西側陣営の一員たる体制整備の一環として、主として吉田茂によって破壊活動防止法公布・保安隊改組・警察法改正などの治安対策が強化され、読売新聞がこれを「逆コース」と呼んだ。食糧危機も次第に遠のき、ドッジデフレによる繊維製品価格の下落が、衣料統制撤廃もあって内需を促進していき一定の消費ブームが出現したことから、朝鮮特需で勢いを復活させた軍

---

2) 吉田裕「戦後改革と逆コース」(吉田裕編『日本の時代史 26　戦後改革と逆コース』吉川弘文館 2004 年)、松尾尊兊『戦後日本への出発』(岩波書店 2002 年)、浅井良夫「高度成長への道」(中村政則ほか編『(新装版) 戦後日本　占領と戦後改革 6　戦後改革とその遺産』岩波書店 2005 年) などを参照。

需産業を中心にした経済軍事化構想を蹴散らして、内需拡大と貿易振興による高度成長の道が準備されていったのであった。

　後者の「高度成長の果実が分配された」時期は、60年安保を契機にして、いよいよ「戦後」が実感できるような生活様式の変化が現れてきた時期である。戦後社会がどのコースに進むべきかの思想的な見解の違いは、端的にいうと近代主義とマルクス主義の指し示す方向の違いである。あえていうと、近代主義は生産力史観ともいうべき、旧「敵国」アメリカが謳歌していた物質主義文明を到達目標とした考えであり、マルクス主義は社会主義社会を資本主義社会よりも高位にある平和と人権の社会であると考えて、資本主義社会における階級対立の解消を求める生産関係史観である。

　「高度成長路線を選択した」時期は、この2つのイデオロギーと運動が火花を散らした1950年代前半の余波が、まだ濃厚な階級対立の時期であった。その頂点が60年安保であった。「高度成長の果実が分配された」時期とは、安保の自然成立が運動を一挙に衰退・沈静させ、そうなった原因を革新政党の指導の失敗に求めて革新勢力が分裂し、安保闘争に参加した人々も「社会」から撤退していき、次第に「私生活」に閉じこもっていった時期であり、次の時期の「近代主義の勝利」が予兆されるようになった時期である。

　「**経済**」の領域では、高度成長が本格化すると産業構造の大きな変化が起こり、第2次産業とりわけ自動車・家電などの製造業における就業者比率が増大していった。1970年には、就業者比率26.1%を占め、戦後のピークとなった。工場では、ベルトコンベアー生産方式が導入され、ラインスタッフ制による作業班がつくられ、後のQC（クォリティ・コントロールすなわち品質管理）運動の母体となって一般化し、日本的経営のプロトタイプがつくられていった。最盛期、世界のGNPの約15%を日本が産出するようになり、経済的には先進国の仲間入りを果たした。製造業に見られるラインスタッフ制の特徴は、加工組み立て作業であることから、前工程の完了が次の行程開始の

前提になることである。前工程での作業不備は、次の行程開始をストップさせ、ひいてはラインの停止を招く。それを避けるためには、一つ一つのラインに張り付いた作業班は、各自が確実に所要時間内に作業を完了して次行程に委ねるという、ラインごとの連帯と団結をモットーとする。結果、労働形態は、実態的にも意識的にも集団的労働態様とならざるを得ない。そこに職場の作業班を単位とした労働組合が定着していく基盤があるとともに、作業班を企業権力が掌握すると日本的な QC サークルの展開となる。大企業体制下で成立した組織労働者が享受する福利厚生と、劣悪な労働条件での就業という零細企業の格差を伴って「日本経済の二重構造」が形成されていった。

「**市民社会**」の領域では、60 年安保闘争や「総資本対総労働の対決」といわれた三井三池闘争を経て、政治の季節から経済・対話の季節に移行した。高度成長期を通じて、市民生活は耐久消費財に依存する都市型生活様式に大きく移行し、商品消費と大衆余暇の社会が形成された。農村から三大都市に 1533 万人（1960–75 年）が流入し、1955 年には市部人口が、はじめて過半数 56.1％となった（2005 年 86.3％）。この時期に農村から都市に流入した世代が、今日の都市家族の直接的ルーツである。1955 年には住宅公団が設立され、1957 年には「団地」が、次いで 58 年には「団地族」が流行語となった。文化面では、地方色溢れる伝統的な地域文化が急速に衰退し、テレビや映画などメディアによるアメリカ型大衆文化が普及し、海外旅行も JALPAK（1965 年販売開始）が席巻した。1970 年に開催された日本万国博覧会（大阪万博）では、延べ 6421 万人もの入場者が記録されており、国民余暇が確実に形成された。思想面でも、伝統的な「節約・分相応」観念が薄れ、個人の業績主義が次第に濃厚になっていった。

こうして、戦争体験を強烈に持つ親の世代とは異なる、都市に流入した青年世代がつくっていく戦後型市民社会が形成されていったのである。1960 年代末の高度成長末期に入ってくると、急速すぎた社会変化の矛盾が公害問題として表出した。反公害の住民運動が全国的に隆盛し、これを背景にして

革新自治体が相次いで成立した。国の基準を上回る、革新自治体による厳しい公害規制をめぐって政府との攻防が展開され、公害基本法や老人保健法の改正などの前進面を創り上げた。こうした市民社会の活発化の局面が見られたが、反面、革新首長の誕生が議会の民主化と連動しない局面があったり、1960年代早々からの部落解放同盟内での路線対立が表面化し、朝田派による「窓口一本化」の承認などが、革新自治体つぶしの暴力を伴った攻撃としても展開されたことから、「同和問題は怖い問題」だというタブーが生まれていった。その頂点が1974年の八鹿高校事件であった。その意味では、市民社会は確実に形成されていったが、真の民主主義が根付くには、まだ時間が必要であったといえよう。

　「**政治**」の領域では、1955年に保守・革新双方ともに合同がなされ、いわゆる「55年体制（1・1/2体制）」が確立された。60年安保を頂点に保革対立局面も生まれたが、政権党による国土開発や高度成長の果実が国民生活に普及していくなかで、後半には社会党が長期低落の局面に入っていった。明確な都市政策もないままに進められた、農村から都市への大量人口移動がもたらした劣悪な都市生活環境に対して、革新自治体との対抗上対策を迫られて、遅ればせながら福祉法制が着手され、国民を受益者として国家の側に取り込む福祉国家体制が進み（1973年を福祉元年と田中角栄首相が呼んだ）、企業でも福利厚生をテコにして企業一家主義が浸透していった。1950年代での電源開発を継いで、1962年には池田内閣のもとで全国総合開発計画が着手され、拠点開発方式として太平洋ベルト地帯構想によって高度成長経済への移行がなされた。次いで、1969年には新全国総合開発計画（二全総）が佐藤栄作内閣のもとで策定され、新幹線や高速道路建設などの大規模プロジェクト方式による高度成長の持続が追求された。こうした開発路線が行き着く先は、当然のことながら1960年代後半に顕在化した本格的な都市問題（過密現象）であり、自民党でも選挙対策として都市政策の必要性が意識されたり、伝統的な農村支持基盤の没落を見据えての都市型大衆政党化が図られた。そのなか

で政治手法としても補助金誘導政治が、佐藤内閣のもとで意図的に展開され、市民社会を消費および受益者社会に止めることが企図された。

　総じてこの時期は、高度成長を通じた戦後型市民社会の形成期であり、反公害を基盤に革新自治体が出現したり、シビル・ミニマム論（松下圭一）などの日本独自な市民社会論をも生み出したが、市民社会の形成は、消費と（企業）福祉の限界内に押し留められた。前述した近代主義陣営とマルクス主義陣営とが、60年安保を頂点に階級対立の度合いを深めていく局面も見られたが、反公害の住民運動も生活環境問題が発生した後の事後対処型の域をなかなか脱却できずにいて、今日いうところのまちづくり運動に高次化できた事例は少なかった。

第3期：Post高度成長期＝減速経済期(1970年代中頃～1990年代前半)

　1973年のオイルショックによって、ひとまず高度成長路線は行き詰まった。日本経済は、減量経営＝失速経済の時期を経て次第に脱第2次産業化すなわち流通・販売・サービス部門へとシフトしていった。重厚長大産業が構造的不況業種と見なされるようになり、製造業に典型な集団的組織労働は、流通・販売・サービス部門の特性である個人的労働態様すなわち業界ごとに固有な、個人的ノウハウに大きく依存する、個人ごとの営業活動に替わることで、組織労働者に依拠した労働組合はその勢いを喪失していった。高度成長の果実が国民生活に浸透したなかで、生活水準下落の恐怖感をあおり、エコノミック・アニマルとかモーレツ社員とかいった流行語が飛び出したように、業績主義と個人ごとの会社忠誠心が査定される形で、日本的経営の衰退もしくは形態変化が起こった。福祉元年の実態が、家族や地域の介護力に依存する日本型社会福祉体制の完成として進行し、国民の高負担が強制されていった時期である。

　第2期に形成された開発主義路線のさらなる追求が、1972年の列島改造

論であったが、折からのオイルショックと田中角栄首相自身の金脈問題で挫折した。1980年代に入っては、生産点の海外移転が進み、国内産業の空洞化が指摘されたが、1985年のプラザ合意によって、アメリカの貿易赤字解消のために日本国内における内需拡大（したがって輸出型産業の低迷）が円高政策とともに展開され、円高不況を押さえるための低金利政策が不動産投資を呼び込んで、後のバブル期につながっていった。こうして、この時期は、70年安保を経て軍事・経済・政治の側面をあわせ持った総合安保体制が顕在化し、日本は確実にアメリカの下位パートナーとして「日米同盟」（新聞用語であり固有の同盟を結んだ覚えはない）への道に突き進んでいった。プラザ合意が先進国の協調介入であることに表れているように、先進国への仲間入りを果たした日本が次第に大国主義意識を持つようになった時期であった。

　このことは、第2期との関係では、第2次産業を基盤とするか第3次産業を基盤とするかの相違はあれども、高い生産力が至上の価値だとする近代主義が基本的には勝利を収めたことを意味するであろう。しかしながら、社会主義に対する対抗意識が鮮明な、後進国開発思想としての1960年代の近代主義とは異なって、豊かな生活の維持は、能力別・業績別の生存競争に打ち勝ってでしか実現できないという選別的な近代主義、言い換えるなら自己責任と自助努力を強制する近代主義に第3期では姿が変わっている。国家支配と企業支配に対して、他に選択の道がないことからくる不承不承の「同意の獲得」が、生存競争の社会的組織化として進行した。

　部落問題の解決・解消を近代化・民主化のメルクマールとして考えてみると、こうした高度成長の達成と先進国化は、封建遺制としての部落問題の残存とは全く相容れない現実を日本社会につくり上げることとなった。支配が貫徹したことを認識した権力側は、1980年代半ばから、部落解放同盟の政治的利用が、その歴史的役割を終えたことを悟った。市民的批判の強い肥大化した同和予算の削減と部落解放同盟の利権・暴力に対する規制が、いくつかの地域改善対策協議会意見具申で表明されたのであった。国民融合論の提

唱も、その後の理論的精緻化が図られて、1987年の全国部落解放運動連合会第16回大会で、①周辺地区との格差是正、②部落に対する偏見や言動が受け入れられなくなること、③部落住民の生活態度や習慣に見られる歴史的後進性の克服、④部落内外の社会的交流の実現、が部落問題の解決であると明記され、部落問題は確実に過去の問題として解決できることが展望された。同時に、もはや、部落解放同盟の策動が部落問題とは縁のないものであることの理論的解明が完成したのである。

　「経済」の領域では、オイルショックによって減量経営を迫られ、また、輸出過多が貿易摩擦を生み出すなかで、内需拡大を含めた産業構造の改変が迫られた。就業構造においても卸売・小売業従事者が、1975年にはじめて20％台に突入し21.4％になった。製造業は、1980年代以降になると生産点の海外移転が進み、OEM（相手先商標製品製造）生産など経済のグローバル化が進展するなかで、日本からの公害の輸出や現地資源・労働力の収奪など、アメリカ主導の世界戦略の一端を担う先進資本主義国としての日本のアジアに対する支配的側面が強まった。経済的にもアジアにおけるプレゼンスが高まり、減量経営から立ち直った日本経済を賛美するエズラ・ボーゲルやマハティール〔マレーシア首相〕などの論説も一時的には高まったものの、政治的にはアメリカべったりの姿勢に対する批判が相次いだ。また、国内モノづくり産業の衰退が指摘されるなかで、経済のハードウェアからソフトウェア（金融・信用・情報・不動産）への転換が、アメリカによる世界支配のアジアにおける管理中枢センターとしての役割強化の不可欠な具体策として推進されていったのである。日本国内では、第3次産業就業者の割合が1975年にはじめて過半数を超え（51.8％）、第3次産業の特性である対人型労働（モノではなくヒトを相手とする労働）が増え、それに伴って消費構造においても、財とサービスに対する支出割合が大きく変化して、1980年代半ばには財65％対サービス35％というように後者の割合が急速に高まった（サービス経済化）。

余暇関連の支出では、サービス支出が過半（55%）になった。産業別分類で見るサービス業就業者は、1985年にこれもはじめて20％台に到達した（20.5%）。第3期の終末である1995年に至ると、製造業21.1％に対してサービス業24.8％とはじめて逆転した。第1次産業約5%・第2次産業約30%・第3次産業約60%というように、この時期を通じて、古典的なクラークの説でいえば高度に発達した資本主義国としての体制が、アジア発展途上国への「支配者」としての顔をちらつかせながら完成したのであった。あわせて、職業別分類でサービス職業を見ると、おおむね男性が4%であるのに対して、女性は11%であり、サービス職業と販売従事者を合算すると、男性20%に対して女性25%となっている。また、管理的職業従事者の割合は、男性5ないし6%に対して女性0.9％と大きく異なっている。このように、アジアにおける日本のプレゼンスの強化が支配的側面の強化であるのと同様に、国内では、性差を組み込んだ労働力の選別が強化され（「コアと周辺」「総合職と一般職」など）、生存競争の社会的組織化による労働組合の沈滞と裸の個人への分断が一層進められた。「近代主義の勝利」の行き着く先が決してバラ色ではないことが明らかになってきたのである。

「**市民社会**」の領域では、1975年の国勢調査において市部人口（都市部人口）が75.9％となった。かつて松下圭一は、農業人口が30%を切った時点でその社会は都市型社会への移行期に入り、同人口が10%を切った時点で都市型社会が成立すると考えた。この基準に照らすと、日本社会は、1960年代に都市型社会への移行期に入り（農業人口1960年30.1%）、1980年に同人口が9.8％となったことで、それ以降都市型社会が成立したといえる（2005年4.4％）。その実相は、人口の全般的プロレタリア化と生活様式の平準化であり、古い封建遺制としての部落問題は、日本経済の再生産構造上の経済的必要性を全く失った。すなわち、平均的労働者よりも不当に差別され低位な賃金水準のままに部落の労働力を据え置く必要が、経済構造上なくなったのである。政治的権利はもとより、市民生活上の格差も同和行政の進展によっ

て解消が大きく進んだ。部落内外の結婚や部落への混住が必然的に進展し、一見したところ部落がどこにあるのかさえ分からない状態が当たり前になった。ところが、同和行政利権にしがみついて依然として暴力的策動を繰り返す部落解放同盟が引き起こす社会的混乱は後を絶たなかった。とりわけ、彼らによる教育介入は顕著であった。そのなかから、彼らの「解放理論」は、実態的格差の解消を眼前にしては、心理的差別を強調するものに変化していくしかなく、あわせて封建遺制の性格を持つ部落問題と他の問題である女性・少数民族・障害者差別を意図的に混在させ、人権問題一般を問うスタイルにシフトしていった。社会全体のあり方が、バブル期の「勝ち組」「負け組」のように選別の度合いを高めていけばいくほど、国民の生活感覚のなかには、「負け組」かもしれない自己の生活の悪化を回避したいという思いが出てくるのは当然であり、ここに部落解放同盟の「人権基本法」制定要求が出されてくる一定の社会的背景がある。もちろん、彼らの思惑は、人権問題一般を追求することで恒久法を制定させ、これを根拠に実質的な同和行政を継続させることにある。部落解放同盟による行政癒着と教育介入を排除することを掲げた全国部落解放運動連合会の運動は、この時期、①マスコミがタブー視して正しく報道しなかったこと、②他の社会運動が沈滞するなかで運動の連帯が形成しにくかったこと、③権力側が部落解放同盟に対する「泳がせ策」だったこと、などによって困難に直面したが、暴力事件に対する部落解放同盟側を被告とする司法判断が出されるようになると、前述のように権力側からも部落解放同盟規制の局面が浮上してきたのであった。

　大衆余暇の形態も変化していき、職場団体型旅行から個人・家族・小集団型旅行にトレンドが変わった。もちろん、この背景には前述した労働形態の変化である個人的労働態様の増大がある。オイルショックの衝撃は、「トイレットペーパー買い占め」など一時的であり、それなりに完成・成熟した戦後型市民社会のなかで私的生活の安定を願う指向が強まっていき、国民の90％が生活程度は標準的だと考える中流意識が蔓延していった。社会が完成

されることで、社会のあり方はもう変えられないと人々が考え、ますます私的生活に埋没することで管理社会化の動きが強まると、そうした社会のあり方に対する抵抗は、労働運動のような伝統的な領域からではなく、大学紛争などの周辺的位置から現れたが、おおむね、市民社会の活力が薄れ、1980年代には「社会運動閉塞の時代」が語られた。

　社会意識の面でも、1990年には余暇重視派 32.2%対仕事重視派 37.9%と拮抗するようになり、価値観の変化が大きく起こった（余暇開発センター『レジャー白書 2000』）。この時期の後半にはバブル期が訪れるが、これに狂奔する大企業・不動産資本などの一部の人々とバブルとは関係のない多数の人々という、「勝ち組」「負け組」が顕在化し、1990年代半ば以降の第4期につながっていく。

　「**政治**」の領域では、開発路線が列島改造論によって再び登場するものの、ロッキード事件に象徴されるように、政界の不祥事が恒常化するなかで、保守長期政権が成立しがたくなった。保守党の分裂や社会党からの離脱などで多党化が進み、55年体制は事実上崩壊にさらされた。ケインズ型社会生活介入施策が国家財政危機を次第に深刻化させていくなかで、「大きな政府」から「小さな政府」への移行が、「市場主義」を標榜して「行政改革」によって着手され、中曽根政権（1982年発足）のもとで福祉社会再編（自助・自立と応能負担の強化）といったイデオロギー攻勢が強まり、市民社会に浸透していった。あわせて、この時期の特徴は、以前よりも積極的にアメリカとの関係が強化されたことである。国際的には、サッチャー（1979年内閣成立）・レーガン（1980年大統領就任）などが「市場主義」原理を煽り、国内では中曽根が、戦後体制の総決算として社会保障の改変と世界に貢献する国づくりを唱え、「ロン・ヤス」関係を強調して資本主義陣営の結束と秘めたる思いとしての「対等な日米関係」を目指した。社会意識としての日本大国主義が浸透するなかで、経済だけでなく軍事的にも覇権を強化する方向が模索されたのである。

総じてこの時期は、前半の減量経営期と後半のバブル期というように起伏に富んだ時期であったが、近代主義の勝利を通じて権力支配が達成され、臨調・行革を契機に国民の自助・自責が強調され、生活における社会的強制費（エネルギーや交通・通信、租税公課などの必需的経費）の急速な増大（収入に占める割合は 2000 年には 46.3％まで増大している）などを通じて、今日の格差社会が成立する前提条件が、実態としてもイデオロギー攻勢としても強められてきた時期である。

第 4 期：新自由主義・格差社会期（1990 年代半ば以降）

　この時期は、新自由主義のもとで国民負担が増大し、格差社会が大きくクローズアップされている時期である。国民のうちで年収 200 万円台の人が増大してくるというように、生活水準の低下つまり貧困がじわじわと浸透し、ボトムが下がったが故の格差の拡大である。OECD の報告では、格差を測る数値に利用されているジニ係数が 1980 年代半ばから 2000 年にかけて 11％増加し、相対的貧困（世帯可処分所得が中央値の半分に届かない者）の割合が 15％を超え、OECD 諸国のうちで 5 番目に高くなっている。とりわけ、重要なことは、「所得格差や貧困に対して社会支出が与える影響は他の諸国と比べて弱く、市場所得の不平等化を相殺するには充分ではない」と指摘されていることである[3]。すなわち、直接賃金における格差を是正するための間接賃金としての社会保障給付額が低下することで格差が広がっているのである。ここに社会保障の後退が、如実に示されている。また、第 2 期に指向された国際貢献が、とりわけ小泉政権下で強行され、自衛隊の海外協力支援活動や憲法改正が俎上に載っている。

　これらのことは現在進行形であるので、多くを語る必要はないであろう。生産力至上主義が地球環境問題となり、環境問題の国際会議では、先進国が

3）OECD 編『OECD 日本経済白書 2007』（中央経済社　2007 年）p.113

今日の環境問題を歴史的につくったのだと中途開発諸国から指弾され、先進資本主義諸国のなかでも環境問題解決の足並みが揃わない事態が生まれている。第4期の特徴を一言で表現すれば、「近代主義の行き着く先」が否定的に明らかになったことである。

「**経済**」の領域では、1991年にバブルが崩壊し、金融業界の再編やリストラが跋扈して、産業構造も大きく変化した。1985年以降サービス業が20%に達したことはすでに述べたが、とりわけ対企業サービス業が、リース業や人材派遣業などで発展し、女性の内で非正規就業者が過半である事態となった。また、前述のOECD報告書でも、「非正規雇用者が増加したことが、日本における市場所得の格差の拡大の主な説明原因である」[4]と指摘し、日本経済の潜在力の沈下を懸念している。既成の労働組合の地盤沈下が一層進み、新規青年労働者が組合に入らない状態が生じているが、他方では、派遣を短期に中止させられてネットカフェ難民となった人たちが、個人ユニオンに加入したりその動きを支援する団体が活動を広げている局面が生まれている。1993年には、労働基準法が改悪され、99年には労働者派遣法が改正されて派遣可能業種が一挙に拡大されたりして、戦後労働法制の改廃が進んでいる[5]。

「**市民社会**」の領域では、社会意識としても1995年以降、前述の余暇開発センター『レジャー白書2000』における余暇重視派が仕事重視派を凌駕するようになり、1990年からの10年間で男性よりも女性に余暇重視派が多い傾向は変化していないが、男性においても仕事重視派は減少し続けている。女性の社会進出のもとで、雇用機会均等法の改善や介護保険・育児休業などが新設されたという局面もあるが、他方で労働法制の改悪によって、ほとんど

---

4) OECD編　前掲書　p.117
5) 派遣労働で生まれている非近代的かつ非人間的な労働実態は、中野麻美『労働ダンピング―雇用の多様化の果てに―』（岩波新書　2006年）に詳しい。

人権無視の社会現象が横行している。疲弊する地域社会の振興策として住民自治のパワーによるまちづくりやNPO活動なども隆盛しているが、そうした活力を支配装置の補強に使う路線（ソーシャル・キャピタル）も登場しており、市民社会を国家の側が絡め取るのか、国民の側が運動化していくのかが分かれ道になっている。部落問題の基本的解消を迎えて、全国部落解放運動連合会が2004年に全国地域人権運動総連合に発展改組され、これまで一貫して追求してきた国民的課題での運動展開が新たな形態ではじまった。

「政治」の領域では、小泉・安倍首相によって、「戦後政治の総決算」などとして戦後市民社会総体の再編成が公然と唱えられるようになった。アメリカ主導の世界戦略にマイナー追随者として立ち振る舞ってきたが、「日米パートナーシップ」や結んだ覚えのない「日米同盟」などという言葉が頻繁にマスコミにも登場し、アメリカ世界戦略に迎合してでしか国益を追求できない政治体制への危惧が広がっている。

今日の課題

「経済」「市民社会」「政治」の3領域で起こった出来事の特徴をこれまで叙述してきた。総じていえば、「Pre高度成長期」は戦後改革が主導する「政治」の時代、「高度成長期」は国民生活の向上に見られる「経済」の時代、「Post高度成長期＝減速経済期」および直接の現代である「新自由主義・格差社会期」は、「高度成長期」に形成されていった「市民社会」が、固有の意志を持ち、もはや「政治」がこれを無視しては統治できないほどに成長しつつある時代である。日本の戦後社会は、すでに述べたように基本的には近代主義の思想と政策が基調となって展開されてきたと見てよいように思う。しかし、当然のことながら生産力至上主義である近代主義は、それ自体としては「市民社会」における市民の平等な社会関係の構築を内在してはいない。むしろ、労働力から剰余価値を引き出すために労働力陶冶度に応じた差別的な労働力編成と処遇をもたらす。人間は労働者として生きるだけではなく人

間として生きる。人間である限り、他者によって認められ相互に承認を受ける関係のなかでしか生きられない。宮本太郎は、この点でドイツの社会哲学者アクセル・ホネットの唱える3つの相互承認を紹介している[6]。すなわち、第1に、夫婦や家族における相互承認、第2に、社会の場における集団や個人の法的権利主体としての相互承認、第3に、権利主体による社会的・経済的な業績達成を、差別することなく相互に承認することであり、人々はこれらのいずれかの相互承認のなかにいる必要がある、という主張である。日本社会の現状は、これにたとえていえば、第2と第3の社会的場面での相互承認が相対的に手薄であるように思う。現下の貧困・失業・差別がもたらす非正規就業者やホームレスに対する社会的排除は、労働力価値が至上命題である近代主義の帰結でもある。戦後日本社会が追求してきた業績的原理と人間の社会生活上の原理との相克が現出しているのである。

6）宮本太郎『生活保障―排除しない社会へ―』（岩波新書 2009年）pp.63-64

第 3 章

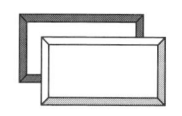

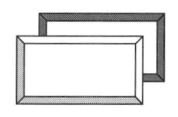

社会学による社会分析の特徴
―家族研究・地域研究・生活研究の接点―

　小泉内閣のもとで進められた「構造改革」は、いわゆる「規制緩和」を通じて、日本社会の歴史に記憶されるべき大きな変容をもたらした。戦後の高度成長期に形成され、高度成長を支えた要因として指摘されてきた、政府・中央官庁による産業界への行政指導と産業育成を「護送船団方式」と称して否定し、資本活動に関する公的規制を撤廃したり、市場原理主義による自律と自助を社会全体に迫って、国民生活のセーフティネットである社会保障に関する公的責任の後退を当然のこととしたのが小泉改革であった。

　その結末は、2008年末に、「派遣切れ」「雇い止め」によって増大したホームレスの人々に対して救援の手をさしのべる「派遣村」騒動で一気に表面化した。労働法制における「規制緩和」の際に叫ばれた「自由な労働スタイル」の実現が派遣労働の全面的解禁であり、2008年の「就業構造基本調査」によれば、非正規就業者の割合は、男性で1987年の9.1％から2007年の19.9％と約2割に達し、同様に女性も37.1％から55.2％にまで上昇して、2002年に引き続き女性では5割以上が非正規就業者となっている。勤労者個人の責任に帰すことのできない景気後退およびそれに追い打ちをかけたリーマンショックによって発生した解雇・失業の増大は、「自由な労働スタイル」の実態が、企業経営にとって景気の調節弁でしかなかったことを示しているし、資本活動が公的規制もなく野放しにされた際には国民生活に大きなダメージをもたらすものであるという、至極当然の事柄を改めて認識させたのである。

こうして、現在の日本社会は、高度成長期以降長く等閑視してきた貧困という社会問題に直面させられている。ホームレスのように、その日の食事さえ事欠くような19世紀的な物質的貧困が現代社会には依然存在しているし、さまざまな事情によって家族・友人・地域からスポイルされて、本人自身が明日の展望さえおぼつかないといった、主体の側の生活意欲の喪失や社会関係的貧困すなわち社会的孤立が、今日の貧困を特徴づけている。このような現局面における貧困現象は、個人を社会につなぎ止めていく紐帯である家族や地域の持つ役割が、現代社会にあっても大切であることを物語っている。標準的生活水準が達成できるだけの収入があれば、個人の生活にとって必要な財やサービスは商品消費によって充当できる現象が広まったのが高度成長期以降の日本社会ではあったが、基本となる収入が不安定かつ低額とならざるを得ない非正規就業者の解雇・失業が、物質的貧困への転落だけでなく、直ちに社会関係的貧困につながってしまうという現下の社会構造に大きな問題があるのである。

　社会学は、成立以来、個人と集団とのダイナミックスを分析することで、人々の生活にとっての集団の意味を問うてきた。現代日本の貧困現象は、すでに述べたように、個人・家族・地域がそれぞれ分断されていて諸個人の幸福実現のための回路が喪失されているところにある。そこで、第1節では、個人と集団との関係を分析する際の社会学の考え方を整理し、次いで第2節では、日本社会の現状の改善を考える際、社会学における家族研究・地域研究・生活研究が、相互に決して無関係ではなく、人と人との連帯と協同づくりの点で接点を共有していることを示したい。

第1節　個人と集団との関係

　第1章で述べたように、フランス近代市民革命は、個人と全体社会の中間にある中間団体（歴史学では社団と読んできた）を敵視した。喜安朗の優れた研

究である『パリ―都市統治の近代―』によれば、革命前 18 世紀パリでは、日常生活のなかで人々が作り上げてきた近隣住区・教区(パリッシュ)・同業者組合(コルポラシオン)といった社会的結合関係(ソシアビリテ)が社会的安定の基礎をなしていた。1667 年にルイ 14 世が創設したパリ警察代官(後のパリ警察総代官)すなわち王権のポリスは、この社会的結合関係に対して監視と抑圧の姿勢で接するよりも、その調停者として振る舞う方が、住民の生活の安定と幸福実現ひいては統治の成功につながると考えていた。もちろん、ポリスと近隣住区などとの平和的共存は難しく、住民生活へのポリスの直接介入は多くの摩擦を引き起こし、後の市民革命に連なっていったのが歴史的事実である。そうであるが故に、市民革命後に中間団体の禁止・解体が行われたわけであるが、その後、新しい社会的結合関係を求める市民は、セルクル(サークル)の通称で呼ばれた市民集団を形成しはじめ、それぞれの目的と要求に合致した社会的結合体(アソシアシオン)が、「18 世紀後半にはブルジョア層のなかに…… 19 世紀になると民衆階層にも広がっていった」[1]。アソシアシオンには、労働者の同業者組合や思想的結社、共和主義者の政治団体など広範な組織が含まれており、中間団体の結成が解禁されていったのである。

　これらの歴史過程が教えているのは、人々が生きていく上で他者と取り結ぶソシアビリテの歴史貫通性であり、人々が生活するなかで作り出す集団およびそこでの社会関係は、いつの時代にも社会の現実の姿を紡ぎ出す母体としての役割を持っているということである。とりわけ近代社会は、市民的自由の保障を原則とする社会であるが故に、封建身分制的中間団体＝社団の限界を取り払って、職業・地縁・血縁・階層的利害などに関わるさまざまな市民集団の叢生を招くこととなった。こうした市民集団すなわち社団とそこでの社会関係の特質解明が、草創期の社会学の関心事となったわけである。集団の類型学であるとともに集団の歴史発展論でもあるテンニエスの『ゲマイ

---

1) 喜安朗『パリ―都市統治の近代―』(岩波新書 2009 年) p.7

ンシャフトとゲゼルシャフト』(1887年) が社会学の古典とみなされているのも、そうした事情による。

　人々によって作られた集団と構成員との関係をどう考えるのかについては、大きく分ければ2つの考え方が成り立つ。すなわち、ひとたび作り上げられた集団は、結成時の目的実現のために集団構成員に地位と役割を配分しつつ、集団としての統合力を高めていって、集団構成員を統制する存在に次第になっていくのだという考え方もあるし、逆に、諸個人の思念された意思や目的に基づいて他者に働きかけがなされた結果、実現すべき明確な目的を持った特定の集団が形成されるのだと考えるような、いわば諸個人の主体的意思や利害関係から集団の形成を目的論的に考える立場もある。言い換えれば、前者の考え方は、集団が構成員を拘束・規定するに至る因果関係的社会現象に重点を置いており、集団に包摂されていく個人を考えるのであり、後者の考え方は、たとえば専ら利潤追求のために他者の出資を募って目的合理的に組織編成された経営組織である株式会社を設立するといった事例のように、諸個人の主体的意思や目的が能動的に集団を形成していくプロセスに重点を置いているわけであるから、いわば個人による集団や社会全体の成り立ちを考えるわけである。社会学においては、前者の考え方の代表はデュルケーム (1858-1917年) であり、後者の考え方の代表はウェーバー (1864-1920年) である。

デュルケームの『自殺論』

　諸個人が社会のなかで生起させる犯罪・自殺・流行などのさまざまな社会現象を、因果法則的にすなわち原因・結果論的に説明できるはずだとしてデュルケームは、人々が所属する社会集団には、個々の集団に固有な社会関係が社会集団の特性に応じて展開されており、集団構成員にはそれぞれ独特な集団意識・社会意識が存在することに注目した。同業者組合のような職業団体には、他から区別でき得る独特な連帯や道徳観が醸し出されていて、そ

れは構成員の間に共有されているというのである。個々人の意識や行動は、所属する集団が持っている特定の集団意識に当然のことながら大きく規定される、とデュルケームは考えたのである。集団意識は、規律・法律・道徳・宗教意識・世論などにシンボル化して具現しており、これを彼は集合表象と呼んだ。社会そのものが、農民から大半構成されているような同質性の高い社会においては、仲間意識の高い共同体的な一体感情が見られ、社会的分業の発達によって相互に異質性が高まった近代社会においては、自家生産・自家消費はもはや衰退し、個人ごとの家庭消費生活は、商品生産と流通の社会的総過程に依存することから、自己の個別的専門的生産活動を超えて社会的相互依存関係が生まれ、個人主義を基調とする社会でありながらも集合表象を自覚して内省的基準とした諸個人の目的意識的な連帯規範が成立するとした(『社会分業論』1893年)。

こうした集団と集団意識との関連性を自殺という社会事象に適応して考察したのが『自殺論』(1897年)である。各国の自殺統計を参照して、国ごとにある一定の自殺率が見受けられることに彼は注目した。当時の一般的なとらえ方であった、自殺の背景に民族・遺伝や気候などの影響を想定していた自然的決定論を否定して、社会が持つ集団の統合力に自殺率は相関していることを主張したのである。

具体的には、集団の結束力が強ければ自殺への衝動は抑止されて、自殺率は緩和されるだろうし、逆に集団の結束力が弱すぎれば諸個人の自殺への衝動を抑止し得なくなって、自殺率は増大すると考えたのである。デュルケームは、こうした考え方から、(1)集団本位的自殺、(2)自己本位的自殺、(3)アノミー的自殺の3類型をあげた。アノミーとは、もともとは無法状態を示すギリシャ語であったが、デュルケームは無規範状態の意味で用いている。

(1)集団本位的自殺は、集団に成員が包摂・埋没されていて、ほとんど個人原理が成立していないような伝統的社会で起こりやすい。たとえば、老年者や病人の自殺、夫の死を追う妻の自殺、首長の死を追う臣下・家来の自殺

(殉死) などがその事例であり、あまりに強く社会のなかに統合されている結果、「社会が彼の上に重くのしかかり、自殺へ走らせてしまう」[2] のであるとした。集合生活に占める個人の比重が極端に低く、行為の基軸が所属する集団そのものに置かれているが故に起こる義務的自殺のことであり、集団の栄誉のために死を選ぶ軍人の比率が一般市民の自殺率よりも高いことを指摘している。

(2)自己本位的自殺は、集団の成員に対する規制力が弛緩した結果、極端な個人化が起こり、自殺への衝動を集団が統制できなくなって起こる自殺である。デュルケームは、スペイン・ポルトガル・イタリアなどのカトリック諸国は自殺率が低く、プロイセン・ザクセン・デンマークのようなプロテスタント諸国は自殺率が高いことの原因を、双方ともに教義上は自殺を禁じているので宗教の性格の相違からではなく、信徒たちの教会との関係や社会生活のありようから説明している。プロテスタント派が聖書の自由な個人的解釈すなわち「自由検討」（神との直接対話による内面的信仰）を広く認めているのに対して、カトリック派は聖書の自由な解釈を禁じ、教会が示す解釈が唯一であり、かつ教会組織は緻密に信徒を組織している、というのである。彼は、「どこでもプロテスタントの聖職は階級化されていない。牧師は、信者と変わることなくみずからとみずからの良心に依拠するのみである」[3] と述べて、プロテスタント派を特徴づける個人原理は、「カトリック教会の不可分の一体性」という高い集団性と好対照であるとしている。

結局のところ、「宗教団体が、個人の判断にすべてをゆだねていればいるほど、それだけ個人の生活にたいする支配が欠け、集団としての凝集性も活気も失われてくる」[4] から、カトリック教会よりも集団統合度が低いプロテスタント教会に自殺率が高くなるわけである。宗教が自殺願望から守ってく

---

2) デュルケーム　宮島喬訳「自殺論」（『世界の名著47　デュルケーム　ジンメル』中央公論社　1968年）p.169
3) デュルケーム　前掲書　p.97
4) デュルケーム　前掲書　p.99

れるのは、その徳目によってではなく、宗教が一つの社会であるからなのである。

(3)アノミー的自殺は、突発的経済恐慌の発生や、現象的にはその逆である急激な短期間での経済的繁栄などといった時期に見受けられる、異常なまでの自殺率の上昇である。デュルケームは、人々の「欲求が、手段の上で許容されるもの以上を求めたり、あるいはたんにその手段とかかわりのないものを求めたりするならば、欲求は、たえず裏切られ、苦痛なしには機能しえないであろう」[5] と述べて、欲望とその実現手段とが乖離した社会状況のなかで起こる、欲求実現への自己焦燥感の膨張・欲求を実現できなかった自己への幻滅感の極限化という、振幅の大きな感情激変から発生する自殺をアノミー的自殺と呼んだ。

歴史の各時期には、社会的職務の相対的な価値に対応した報酬体系・生活様式などがあって、社会の各階級が正当に追求できる快適さの程度と限界が規範すなわち道徳律として存在していた。そのとき、「彼の幸福ははっきりと限定されていて、少しくらいの失望によってはくつがえされることがないので、安定した均衡をたもっている」[6] のであるが、近代社会の急激な市場経済化は、商工業の世界に慢性的なアノミー状態をもたらした。デュルケームは、19世紀初頭以来の産業の発展が、欲望についての宗教などの社会的規制を衰退させ、産業によって煽り立てられた欲望が、神格化してあらゆる階級に波及し、「人は、目新しいもの、未知の快楽、未知の感覚をひたすら追い求めるが、それらをひとたび味わえば、その快も、たちどころにして失せてしまう。そうなると、少々の逆境に突然おそわれても、それに耐えることができない」[7] と述べて、農村部よりも都市部、農業者よりも商工業者にアノミー的自殺が高いとしている。個人の情念・欲望を規制する集団や規範

---

5) デュルケーム　前掲書　p.202
6) デュルケーム　前掲書　p.208
7) デュルケーム　前掲書　p.215

の喪失がアノミー的自殺であり、デュルケームはこれを現代型の自殺と考えた[8]。

ウェーバーの『プロテスタンティズムの倫理と資本主義の精神』

　デュルケームの考え方が、集団が成員を拘束・規定する力の強弱から自殺という社会現象を説明しようとしたのであれば、発想を逆転させて、個人が明確に思念された意図と利害を持ち、その主体的意図の実現のために行う行為が、他者に関係せしめられて一定の集合的行為が発生し、これが定型的行為の集積体である集団や制度の創設に至り、ひいては社会全体の基本的性格が構成されると考えたのがウェーバーである。1890 年に『東エルベ農業労働者調査』に参加して、イギリスに比して近代化の歩みが遅れてはじめられたドイツ社会においても、古くさい家父長制的な領主地の小作関係を嫌悪する農民や信念を持って計画的に労働・生産・生活する近代的市民の誕生を見て取ったウェーバーは、近代社会を合理性の支配する世界であると考えた。

　呪術の支配する前工業化社会を脱して、近代社会における諸個人の社会的行為は、主観的に思念された意味に従って、他人の態度に関係せしめられ、他人の過去・現在・未来の期待される態度に方向づけられていると彼は理解した（『理解社会学のカテゴリー』1913 年）。すなわち、自己の利害の実現のために目的意識的かつ合理的に行為するのが近代人であり、それ故、行為がなされる際の意図・目的が合理的に理解でき得るものであれば、行為の意味は他

---

[8] 「欲望と手段」に着目し、その組み合わせから行為を類別するデュルケームの視点は、その後のアメリカ社会学にも影響を与え、著名な R・K・マートンが説く「個人的適応様式の類型論」にも以下のようにデュルケームの発想が見られる（マートン　森東吾ほか訳『社会理論と社会構造』みすず書房 1961 年）。

適応様式	文化的目標	制度的手段	例　示
同調	＋	＋	通常の正規行動
革新	＋	－	犯罪・非行・逸脱行動
儀礼主義	－	＋	オーバー・コミットメント
逃避主義	－	－	ドロップアウト
反抗	±	±	新しい価値創造

者によって了解可能であると考えたのであった。呪術の支配する時代は、習慣化した日常的行為である伝統的行為や一時的感情に支配されてなされる感情的行為が支配する、他者にとって意味理解不可能な世界であるのに対して、近代社会は、他人や外界のあり得る反応を予測して、それを自己の目的実現のための条件ないし手段として利用する目的合理的行為や固有の価値を確信して行為者自身が自己の内面的命令に則って、その価値の実現のために邁進する価値合理的行為が支配する、他者にとって意味理解可能な世界であると考えたのである。

こうして、ウェーバーにとって当面するドイツ社会の近代化・合理化達成のためになされなければならないことは、資本勘定に示される計算可能性と手段の適合性に象徴される企業家精神の社会的定着を推進することであり、総じて資本主義に適合的な利害と責任と計画性とを自覚した近代人・文化人の育成であった。そして、その延長上に、先を行くイギリス社会と比肩できるような、資本家階層が主導する強力な国民国家の建設をイメージしたのであった[9]。商品生産を行う企業経営に必要な原料・労働力・生産工程などの計画的かつ適合的配置と厳密な利潤計算という合理性が、企業経営に体現されていると見なして、ウェーバーは、マルクスとは異なって、彼ら企業経営者に社会をリードする中心的役割を与えたのである。

こうした合理的世界として特徴づけられる資本主義社会の成立史を、宗教生活上の価値合理的行為と資本勘定に示される目的合理的行為とのドッキングとして説明したのが、『プロテスタンティズムの倫理と資本主義の精神』(1904-5年)である。要約すれば、「資本主義的な企業家の精神と、その人の実生活のすべてを支配し規制する強靭な信仰とが、ひとりの人間や、ひとつの集団のなかに同時に存在する」[10]事例を、彼はカルビン派に見たのである。

カトリック派が、世俗の職業生活に宗教的・道徳的価値を認めず、職業営

---

[9] ボットモア　小澤光利訳『近代資本主義の諸理論―マルクス・ウェーバー・シュムペーター・ハイエク―』(亜紀書房 1989年) 参照。

利(利潤)を不浄のものと見なした(免罪符の根拠)のに対して、宗教改革によって生まれたプロテスタント各派に共通する特性は、世俗の職業を神の使命(Calling)によるとしたことである。その結果、「プロテスタントの世俗内的禁欲は、奔放な所有の悦楽にたいして、全力をあげて反対し、消費、とくに浪費を粉砕したのである。それにともない、心理的効果としては、財貨の追求を伝統的倫理の抑圧から解放し、利潤追求を合法化するのみではなく、それを神の直接的な意志とみなすことによって、その桎梏を打破したのであった」[11]と考えた。特にカルビン派は、神が信仰者に与えた使命である職業生活への邁進に留まらず、日常生活全般にわたって快楽を追放し、神との直接対話による自己抑制・道徳的反省の態度の確立というストイックな信仰生活を追求した。一方での、宗教上の内面的禁欲生活(奢侈の戒め)という価値合理的行為と、他方での、世俗社会における計画的な営利活動(蓄財と繁栄)という目的合理的行為に対する宗教的・倫理的肯定とが、矛盾することなく統一されてプロテスタント派という社会層に担われて展開されたので、他地域に先駆けて西ヨーロッパにいち早く資本主義社会・近代社会が成立したのである、とウェーバーは考えたのである。

「合法的な利潤を使命[=職業]として、組織的に、かつ合理的に追求するという精神的態度を、われわれがここで一応、『(近代)資本主義の精神』と称するゆえんは、次のような歴史的な根拠にもとづくからである。すなわち、近代資本主義の企業がこの精神のもっとも適合的な形態としてあらわれ、また逆に、この精神的態度が資本主義の企業にとって、もっとも適合的な推進力となっているからである」[12]と述べて、プロテスタント派の各個人が実践した宗教的行為と世俗職業的行為とが、ともに目的実現のための合理的行

---

10) ウェーバー 梶山力・大塚久雄訳「プロテスタンティズムの倫理と資本主義の精神」(『世界の名著50 ウェーバー』中央公論社 1975年) p.130
11) ウェーバー 前掲書 p.227
12) ウェーバー 前掲書 p.149

為であるという点で相互の類縁関係を作り出し、これがカルビン派全体による集合的行為にまで昇華して、資本制商品生産という全体社会の集合性を築くに至った、というのがウェーバーのモチーフである。『理解社会学のカテゴリー』でまとめられたように、個人の主観的意図が、人々に了解されて認められ、プロテスタント派という社会層が共鳴盤となった集合的行為となり、合理性を特徴とする企業家精神が普及した社会の訪れに寄与したと考えたのだから、精神や理念などの観念形態が歴史を揺り動かした一面があるという点で、マルクスとは異なる歴史理解でもあるといえよう。

両者の一致と不一致

　集団と個人との関係をどう理解するのかという点では、デュルケームとウェーバーは対照的である。個人主義の国といわれるフランスで、個人が集団に包摂されていく側面を強調したデュルケーム、共同体主義が濃厚なドイツで、個人の主観的意図が集団や社会を作り上げていく側面を強調したウェーバーというように考え方は大分異なるといえる。デュルケームは、産業化の進展に伴ってこれまでの規範の拘束力が衰退して起こるアノミー状態において、集団的目標と遊離した不安定な個人主義が発生していると認識した。これがフランス社会の当面する社会問題だと考え、職業集団などの中間団体を再建し、そこに個人を定位させることによって、個人主義の不安定さを解消させることが重要だと考えたのである。他方でウェーバーは、地主貴族であるユンカー、産業資本家層であるブルジョアジー、台頭する労働者階級という当時のドイツの基本階級間の対立が、ビスマルク退陣後に急速に激化してくるなかで、封建的残滓であるユンカーには近代社会の指導的役割は期待できないと見て、彼らと結びつく産業資本家層を批判して、労働者階級の利害と結びつく産業資本家層の政治社会的ヘゲモニーの確立による近代国家体制を希求したのである。そうであるが故にウェーバーは、資本勘定という経営合理的精神の社会的普及はもとよりのこと、強制的権力の独占であ

る国家が、恣意的権力発動を排して国家官僚制によって合法的正当的に支配・統治することが、ドイツ社会の将来発展にとって必須のものだと考えたのである。

　したがって、両者の思考の対象は、それぞれが生きている当時のフランスとドイツの現実社会であったという点では同じである。しかし、自国社会の安定や繁栄を考える上で、集団と個人との対応関係（すなわち集団に包摂される個人なのか、それとも個人が目的意識的に作る集団なのか）のうち、どちらの局面が重要であるのかという点で、自国社会の状況に規定されて両者の見解は分かれたのである。集団と個人の関係は、特定の目的実現のために諸個人が集団を形成していくプロセスもあれば、ひとたび作られた集団が個人を包摂・規定していくプロセスもある。新しい社会体制が創造されていくような歴史時期には、相対的にいって前者の側面が強くなり、逆に既存の社会体制が安定期を迎えているような歴史時期には後者の側面が強くなると観察できようが、集団やそのルールである制度は、この2つのプロセスを常に繰り返しているのであり、集団現象とは、個人による集団形成であるとともに、集団内の地位と役割配分による集団の再組織化のダイナミズムでもある。

　それでは、現下の日本社会は、この2つの側面のうち、主要な側面がどちらに置かれている状態なのだろうか。戦後社会が作り上げてきた既存の社会構造やそれをおおむね是認してきた思潮が、「構造改革」以後に顕著に衰退し、家族・地域などの伝統的な人間包容力が失われて、他者とのネットワークからはじき出された「裸の個人」が発生しているという点では、デュルケームのいうアノミー状態に近いし、「自助・自律」を原理とする社会づくりおよびそうした方向を肯定する思潮が増大してきている一方で、他方では「派遣切り」で企業から排除されて、そのための条件もないにもかかわらず無理矢理「自助・自律」させられた失業者が望んでいる「人間らしい社会」やそれを支援するネットワークも次第に拡大しているという意味では、ウェーバーが注目する新しい集団・社会づくりへの途上にあるのかもしれな

い。社会学での既存研究が新しい社会づくりの点でどのような視点を提供できるのかを次節で考えたい。

第2節　家族研究・地域研究・生活研究の接点

　次章以下では、社会学における家族研究・地域研究・生活研究の一端を紹介しているので、ここでは家族・地域・生活の3領域が決してバラバラのものではなく、人間諸個人が社会のなかで生きていく際に遭遇する主たる生活舞台であることを確認し、多様な諸個人が生活していくなかで他者との関係性を作っていることを考えたい。

　前出のウェーバーは、中世自治都市の成立史を研究し、財貨の交換と住民の需要充足に必要な市場が成立していることをもって、都市を市場集落であると考えた。市場が効率よく運営されていくためには、特定の政治的・行政的な制度づくりが進められざるを得ないことから、都市もまたある種の共同体を形成していくことになる。しかしてウェーバーは、（中世）都市とは、都市市民の生命や財産を守るための防御施設があり、そのなかには市場が設置されていて、独自の法や裁判所があり、独立した団体（法人）としての性格を持っていて、その限りで市民が何らかの形で任命権を持つ行政幹部による、外部に対する都市自首権を持っていること、総じていえば、都市には、「特別の市民身分があるということが、政治的意味における都市の特徴」[13] であると論じた。それに対してアジアにおいては、農民に対立する存在としての都市市民の概念はなかったが故に、都市そのものが団体であるという歴史的事実はなく、都市市民それ自体を擁護する固有の実定法や訴訟法は全くなかったと見なした。したがって、アジア社会においては、都市市民の共同体それ自体を代表するような共同の団体は存在せず、例外的に、「日本では、

13）ウェーバー　倉沢進訳「都市」（『世界の名著50　ウェーバー』中央公論社　1975年）p.624

自治行政をもつ各町共同体の上に最高の法廷として、一つまたは若干数の市行政機関［町奉行所］が存在した。しかしながら、古典古代や中世の意味における都市市民権はなかった。そして都市自体の社団法人的性格という考え方も存在しなかった」[14] と結論づけた。

要するに、ウェーバーの都市論とは、ヨーロッパの中世都市は、誓約共同体的な兄弟盟約(コンユラーティオ)によって成り立つところの、農村からまたは他の都市から相互に区別される自首的・自律的法人格団体であり、そうであるが故に管理機関として市参事会や首長たる執政官・マイセル（市長）・ビュルガーマイスター（参事会議長）を選出していた、ということである。

いささか迂回したが、ウェーバーの都市論が意味するものは、平等な権利と義務を持った市民が作り出す公共団体としての都市の性格を強調していることである。増田四郎は、「市民により自治的に運営される『自由』な都市なればこそ、そこに『公共的世界』をみずからの奉仕の対象と仰ぐ自主的な生活感情、自律的な規範意識が育成されるのであり、この訓練を経ることなくしては、健全な『市民道徳』も『市民会』も、所詮成り立ち得ない」[15] とウェーバー都市論の意味を解している。平等な権利と義務を持つ都市市民個人間のダイアローグ・システムの高次化・昇華として都市という団体形成をとらえ、次第に市民相互の社会関係が累積・堆積していって都市内部に諸制度が作り上げられていき、その延長上に近代国民国家の成立を見据えるという、個人の行為から出発して集団や社会の形成をたどるのが、ウェーバーの一貫した方法論であったのだ。

では、現下の日本社会との関連で、引き出せるものは何か。再三述べたように、標準的生活水準に到達でき得る収入があれば、他者との協力・協同を不可欠とはしないで生活できるのが、これまでの社会状況であった。こうし

---

14) ウェーバー　前掲書　p.625
15) 増田四郎「マックス・ウェーバーの都市研究」（安藤・内田・住谷『マックス・ウェーバーの思想像』新泉社 1969 年）p.366

た社会状況のなかで次第に社会的紐帯が弛緩しても、生活が維持できる限りは、これに鈍感であったのが日本社会であった。自助・自律の強制は、正社員であればサービス残業をこなして企業社会に奉仕することで、生活の転落を防ぐ自己保守的人間像を作り出し、貧困・孤立・排除は非正規就業者個々人の自己責任だと見なされたのだ。だからこそ、求められるのは、諸個人の自由なライフスタイルを尊重し、そうした諸個人が生活していく上で相互に連帯・共同し合える集団規範とそれを保証できる社会集団の創造である。既存の集団や社会が、さまざまな意味で制度疲労を起こして弛緩し、諸個人をつなぎ止めるだけの活力を失っているので、新しい社会集団の形成が重要となっているのである。「構造改革」後に起こった社会現象でいえば、公共セクターの公的責任の後退が進むなかで生活危機が進行したという、やむにやまれぬ事態によって既存の集団・組織とは別の新しい集団形成が進んでいる。たとえば、冒頭にあげた「派遣村」のような、市民諸個人が作り出すネットワークも、その一つである。公共セクターの後退によって、生活問題を抱える当事者やその支援者たちが、声をあげ行動を起こさないと確実に人間たちが死んでしまうというのが、日本社会の現実である。公的セクターは、「自助・自律」を唱えるだけであり、問題の解決を個人の生き抜く力に委ねている。そして、そうした現実を反映して、これからの公的セクターの役割とは、問題を解決しようとする個人や集団をネットワーキングするコーディネーターとしての役割であると公言している。行政・公的セクターと市民との間の「新しいパートナーシップ」の強調とは、このことを示しているのである。市民の諸活動が培う人的ネットワークを最近ではソーシャル・キャピタルと呼んでいる。教育・福祉・医療・環境などの生活場面で形成されていく、問題解決のための人的資源のことである。宇沢弘文『社会的共通資本』（岩波新書 2000 年）は、そうした議論の先駆けであり、これまで公的施設としてだけ専ら理解されがちであった社会資本（社会的インフラストラクチャー）の意味をさらに拡張して、「一つの国ないし特定の地域に住むすべての人々が、ゆた

かな経済生活を営み、すぐれた文化を展開し、人間的に魅力ある社会を持続的、安定的に維持することを可能にするような社会的装置」[16] のことを社会的共通資本と呼んだ。もちろん宇沢の問題提起は、社会的共通資本の拡充が、人間的尊厳と魂の自律、市民の基本的権利のためにこそ大切であって、それ故に社会的共通資本は、決して市場的基準や官僚的基準によって管理・支配されてはならないことを強調するものである。したがって、よりよき生活のために市民ベースで培われる社会的共通資本の拡充を、公的セクターの役割後退の正当化・合理化として表現しているのが「新しいパートナーシップ」論であることになる。

　宇沢が述べる人間的に魅力ある社会の持続的・安定的な実現のためには、個人・家族・地域の場面で、個人から出発する動きが生活向上のための集団を形成し、集団規範を内面化させて、それが社会の趨勢となることが展望されなければならない。

　資本主義の高度化とは、資本が価値増殖のために必要な労働力を直接捕捉する度合いを高めることである。その結果、産業構造は、労働者個人が有する資格・ノウハウ・専門知識といった個人的労働力能に依存する第3次産業にますます比重を移しながら、社会における全般的個人化を促進する。そうであれば、現下の社会現象は、労働力における個人化と同様に社会的行為における個人化の度合いを強めていく。そうであるが故に、そうした趨勢に対する対抗力は、個人化された諸個人が、いかにして集団的規範すなわち共同的関係を創出するか、ということになる。個人は、労働力能として捕捉される自己と労働力能としてはカウントされていない他面の力能を持った自我である自己との葛藤に直面しており、そうした問題が自分だけの問題であるわけではないことも承知している。しかし、職場の現実は、資本の増殖に寄与しない側面を持った自己による集合的意思形成を資本の本性上許容しないの

16）宇沢弘文『社会的共通資本』（岩波新書 2000年）p.4

で、その限りでますます労働は自己にとって疎外された労働となる。単位労働時間当たりの労働生産性の向上による実質労働時間の短縮によって、豊かな社会関係形成が目指されなければならない。家族は、高度成長期以前までの家業の遂行体としての実態を失って久しく、少子高齢化の進展は、日本の家族を世界でも最も規模の小さい小家族とするに至った。男女ともに晩婚化が進み、非婚化現象が進んでいる。個人化現象のもとで、家族は、作られにくくて崩壊しやすくなっているが、他方で子どもを抱える世帯を中心に、子育てをめぐる悩みの解消や就労との両立を支援する地域ネットの形成も進んでいる。地域は、もともと異年齢・異職種集団であったが、宅地開発による住宅商品化とともに住宅購買層の特定化によって、同年齢層のサラリーマン階層地域が一般となり、彼らの退職・高年齢化や景観・環境整備課題が切実になって、介護福祉ニーズに対する商品的対応とともに市民によるNPO活動なども活発になっている。こうした集団形成と規範化が社会学の当面する課題となろう。

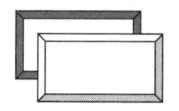

第 4 章

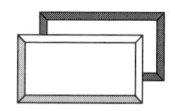

家族研究と社会学

　人々にとって、家族はいわば空気のような存在であるので、家族自体を意識的に考察する機会は少ない。家族は、通例、一定の範囲の血縁者が同居して生活をともにしている集団であることから、人々の消費・生計の単位となっている。しかし家族は、社会と隔絶しているわけではないので、社会的背景を持った諸問題が家族にもたらされる。家族内の人間関係は、他の社会集団に比して濃密であるので、家族に現れる社会的問題が、ときとしては夫婦関係のこじれや親子関係の断絶といった生身の人間関係に亀裂を与え、その結果「家族崩壊」をもたらすこともしばしばある。

　このような特性を持つ家族を、ここではどのように扱えばよいのであろうか。21世紀初頭の日本社会において家族の場で起こっている現象を理解するには、①家族を信頼に満ちた、あらかじめまとまった一つの集団として理解することが次第に困難になってきていること、②したがって、これからの家族は、さまざまな意味合いで自律した諸個人が、幸福な人生を送ることができるように、家族関係を日々展開しながら自主的自覚的に作り上げていく創造の産物である、ということが大切であるように思う。

　①は、後述するように、高度成長を通じて日本社会は、他の家族員の協力を不可欠にせずとも、家族構成員一人一人の基本的な衣食住に必要な財やサービスが、商品消費によって遂行できる社会のあり方を作り上げた。平たくいえば、必要な財やサービスを消費できるだけの経済財があれば、他人の協力支援なしでも生活できるということである。その結果、それまでは主と

して主婦が行ってきた家事・育児の大半が商品化されることで社会的に代替され（家事育児の商品的社会化）、家族内で主婦が行う調理・裁縫などは、その比重を下げたり、ほとんど目にしない状況になった。妻（嫁）の調理によって子どもや夫の食事がなされ、そのことで家族内の信頼が深まるといった家族関係が、よかれ悪しかれ衰退したことは事実である。これまで家族は、社会を構成する最小単位として、どんな社会にあってもその存在が是認されてきた。近代社会の出発点を築いた近代市民革命たとえばフランス市民革命は、封建社会を否定するあまり国民個人と国家との間に存在するあらゆる中間団体を否定したが、家族だけは否定の対象とはならなかった。家族の解体の上に社会が構成されるとは考えがたいことから、家族は社会秩序の礎であり、このことを制度的家族と呼んできた。社会は人間の集合体であり、その最小の単位が家族であることから、家族を自然史的にできあがった集団であると見なしてきたわけである。高度成長が達成した「一人でも生きていける」状況は、誰でもが必ず形成する、自然の営みとして家族を語ることの困難な時代に私たちが生きていることを示している。

　②で表現したいのは、こうした家族形成に関する人々の意識の向かい方（家族意識）の変化である。「一人でも生きていける」現象の延長上に、数の上では「結婚し（てい）ない人々」が増加してきているのが現状であり、そのなかにはワーキングプアのように「結婚しようにも結婚できない」経済状態の人もいれば、一生を独身ですごすことを信念としているシングルライフや、恋人はいても世帯は構えたくない「恋人以上結婚未満」といった「結婚し（てい）ない」人々が増加してきた。いうなれば、これまで自明視してきた「誰でも一定の年齢になれば結婚する」という通念の衰退であり、家族形成が当たり前ではなくなってきているのである。また、長期間生活をともにしてきた熟年夫婦の離別件数の増大、高齢社会の到来に伴って、配偶者との死別後の時間の長期化などの問題も発生している。もちろん結婚・離別するか否かは、優れて個人の判断に委ねられてしかるべきプライバシーの一つで

あり、人生の目的達成のために必要とあらば家族を形成するし、また必要でなければ家族を形成しないのも自由である。家族という現象は、諸個人の生き様に関わって人々が主体的かつ選択的に形成していく集団形成であり、永遠不変の所与の前提ではないのである。

こうした家族を、ここではその歴史と現状を中心に見ていきたい。

第1節　家族の歴史

人間社会の歴史のなかで家族という集団現象が、古くから見られたことは、多くの人々の認識するところである。しかしながら、各民族ごとに固有な家族の歴史が詳細に分かっているわけではない。家族史研究は、古い時代に書かれた文書・史料によって過去の家族形態を推察する歴史学的方法はもとより、遺跡発掘などの自然科学的方法に依拠した考古学的・人類学的研究など、多様な方法で行われてきたのだが、なにせ扱う時間軸が大きいが故に未だ解明されていない課題も多くある。しかしながら、そうした研究の蓄積のなかから、人類史における家族の展開過程を、大筋で拡大家族から単婚家族への発展として理解するようになった、といえる。というのも、食料をはじめ生活の物質的再生産が協働によって成り立つような時代、すなわち人間個々人が単独で生きていくことが困難で、比較的大きな集団に包摂されてでしか生きていくことができなかったような時代には、家族は、多くの世帯構成員からなる大家族たらざるを得なかったであろうし、その後、時代が進化して生産力が向上すれば、個人でも生きられるような事態が次第に現れるに伴って、家族規模は縮小する傾向に入った、と考えられるからである。

以下では、膨大な家族史研究において無視することのできない先行研究のうちからモーガン、高群逸枝、そして自然科学研究分野から田中良之を紹介してみることにする。

モーガンとエンゲルスの学説

　アメリカの人類学者であったモーガン（1818-81年）の『古代社会』（1877年）は、家族史研究の金字塔である。もちろん過去の研究であるが故に、今日の家族史研究の見地からは肯定できない所説もそのなかには見受けられるが、拡大家族から単婚家族へという歴史過程を、はじめて体系的に唱えたことは銘記されてよい。弁護士でもあったモーガンは、強制移住法（1830年）のもとで土地を奪われたアメリカ先住民に対する保護活動で知られ、セネカ族の氏族員として迎えられ、また1880年にはアメリカ学士院会長ともなった人物である。

　彼の主たる研究対象は、アメリカ先住民のイロコォイ族であった。アメリカ先住民族は、固有の文字を持たない民族[1]なので文字史料による家族史研究は不可能であったことから、モーガンは彼らの親族呼称に焦点を定めて研究を進め、そのなかから人類史における家族発展の基本的道筋を考察したのであった。方法としても個性的な研究であり、エンゲルスが『家族・私有財産・国家の起源』に引用したことから一挙に有名になったのであった。

　一般に親族呼称は、永い年月を通じても大きく変化することは希であり、日本でも平安初期に編纂された『和名抄』（931-8年に編纂）には、直系尊属ではチチ・ハハ・オホチ（祖父）・オハ（祖母）・コ・ムマコ（孫）、傍系親族ではアニ・アネ（イロネ）・オトウト（オト）・イモウト（イロモ）・ヲチ・ヲハ・イトコなどがすでに記述されていた。親族呼称があるのは、その対象者と不断に社会的交流があるから、その対象者を他人から区別して特定する必要があるからである。親族呼称がある一定の範囲の血縁者に同居すなわち家族関係が想定できるとモーガンは考えたのであった。こうしてモーガンは、イロコォ

---

[1] 文字で書かれた史料だけが歴史を語っているのではなく、口承（口伝）、舞踊、説話などを通じて、自らの文化や歴史を後世に伝える媒体を、あらゆる民族は持っている。アメリカ先住民には、バイソンの毛皮に絵文字で部族の歴史を記述したウィンター・カウントが普及していた。

イ族の親族呼称が、どの血縁範囲まで広がっているのかを調査して彼らの家族形態を類推し、そこで得られた知見から演繹して人類の家族史を、集団婚（野蛮時代）→対偶婚（未開時代）→単婚（文明時代）の発展順序として一般化したのであった。

　モーガンは親族呼称を2つに大別した。その第1が、類別式 classificatory である。これは、ハワイ諸島にモーガンが検出したとするものであり、当人から見ての実兄弟姉妹を兄・弟・姉・妹と呼ぶだけでなく、傍系の兄弟姉妹をもまた同様に呼称する集合的呼称法であり、モーガンはこれをマレイ式と呼んで、親族呼称の原初的形態であると考えた。直系も傍系も区別しないで同じ呼称で呼ぶのは、母親を共通にする集団婚によるとモーガンは見なしたのである。その後、実兄弟姉妹間の婚姻禁忌（インセスト・タブー）が成立すると、外婚的な男女集団間の共同的な婚姻関係によって成り立つプナルア家族（19世紀頃までハワイにあったとされた共婚仲間の意味）において見られた親族呼称がトゥラン・ガノワノ式である。これはチチ・ハハといった直系親族の呼称を傍系家族（オジ・オバ）にヲチ・ヲハなどとして転用する親族呼称で、インドやアメリカ先住民に検出できるとされた。第2の親族呼称が、記述式 descriptive であり、「父方のオジ」のことを「父の兄」「父の弟」というように、複数の親族呼称を用いて個別に表現する親族呼称法をいう。モーガンは、記述式親族呼称の成立は、類別式より新しく、集団婚が消滅して対偶家族が成立した時代以降に現れたと考えた。

　モーガンが推測しエンゲルスが支持した人類の家族史は以下のようになる。

群婚集団	→	血縁家族	→	プナルア家族	→	対偶家族	→	単婚家族
家族発生以前の群生活		親子間のタブー		親子間と実兄弟姉妹間のタブー		多夫多妻制		一夫一婦制

　モーガンのとらえ方には、19世紀の時代精神であった発展史観が濃厚であり、当時にあってはいたしかたのないこととはいえ、限られた発見事実か

ら家族発展史を大胆に推論するという考察方法であった。類別式親族呼称についても、モーガンの理解とは異なった理解が成り立つなどの批判も、モーガン生存中にすでにあった[2]。したがって今日の時点では、モーガンのとらえ方が全面的に支持されているわけではない。しかし、前述のように、親族呼称という独特の方法で人類の家族史をはじめて体系的に述べたことは大いに評価されてよい。

高群逸枝の女性史研究

　高群逸枝（1894-1964年）は、歌人であり、かつ平塚雷鳥らとともに女性解放運動に邁進した女性であった。高群の後半生は、日本の女性史研究についやされ、そのために婚姻制度変遷の研究がなされた。古代・中世・近世にわたる万巻の書物を読み込むことを通じて、招 婿 婚（婿取婚）から娶嫁婚（嫁取婚）への変化を跡付けたのが重要な研究成果であった。

　古代中国が父系の嫁取婚であったのに対して、日本では古くから婿取婚であったとする本居宣長『古事記伝』の見解に触発されて高群の研究はスタートした。氏族名に母系を適用し、出自に父系を適用する事例が古典籍に多いことから、これを生活基盤である母系制家族（いわゆる妻問婚）から次第に父系制家族への転換過程にある現象であると理解し、これを検証すべく、さらに具体的な婚姻形態の史的研究を進めていった。そのなかから、平安中期の婿取婚においては、妻方に同居した夫すなわち婿は、生涯を通じて決して生家に戻らなかったこと、その後平安末期には嫁取婚への移行過渡期として、妻方が用意した仮の住まいに夫が婿入りして、妻の親とは同居しない一定の期間を過ごし、一定期間の後に新居に移って単婚家族となる経営所婿取婚が成立したと考えた。この種の母系制が衰退して父系制が顕著となりつつある

2）たとえば、類別式はモーガンが想定した生殖関係の共有ではなく、それとは別の年齢層の区別に基づく呼称であることが指摘され、また現段階の研究では、血縁家族およびプナルア家族の実在にも懐疑的である（清水盛光『家族』岩波全書セレクション　2007年〔初出1953年〕）。

擬制婚取婚の時期を経て、室町時代にほぼ完全な嫁取婚に移行したという大局的な結論に高群は到達した。まとめていえば、婚姻形態は、「はじめ男が女を妻問う別居結婚で、次いで妻家に終生同居する。やがて妻家から独立した単婚家族となり、妻が男家に迎えられ、男家の一員となる」3) ということになる。高群の最晩年に出版された『日本婚姻史』(1963年)では、『招婿婚の研究』(1953年)後の知見を加えて整理した表を示しているが、それをさらに簡略したのが表4-1である。

なかなか複雑な表であるが、総括的にいうと、種別とは婚姻に際して夫と妻のうち、どちらが生家を出て相手方と住まうのかの基本原理をいい、母系制が顕著であった時代においては、女性は氏族帰属は婚姻後も変わらないので、死後も自らの出身氏族の墓に入るし、表にいう婚主すなわち婚姻儀式の主催者も妻方であった。いずれにしても高群の高い見識と研究に対する意気

表4-1 日本婚姻史表

時代	原　　始		大和	飛鳥奈良平安	平安	平安	鎌倉南北	室町安土桃山江戸	明治大正昭　和
	(無土器　縄文　弥生)		(古墳)	(初)	(中)	(末)			
種別	族内婚	族外婚	妻問婚 (通い)	前婚取婚	純婚取婚	経営所婚取婚	擬制婚取婚	嫁取婚	寄合婚
				婚取婚（住み）					
	群　　婚			対偶婚（群婚的多妻多夫依存)				一夫一婦(蓄妾)婚	純一夫一婦婚
族制	群	母系氏族		父系母所 (過渡的父系氏族＝氏族崩壊)				父系(家父長)	双系
型式				婚取式 (母系型)				嫁取式 (父系型)	寄合式 (個人型)
婚主	神（集団）		妻方の族長	妻方の母		妻方の父		夫方の家父長	相互
夫婦	共居		別居	過渡期 (子は妻方)			同居		(子は夫方)
財産	共同所有		族長所有 (亜共同所有)	(律令制)		長者所有 (男女分割私占)		家父長所有	個人所有

---

3) 村上信彦「高群逸枝の女性史学」(家族史研究編集委員会編『家族史研究2　日本古代家族と女性』大月書店 1980年) p.135

込みが伝わってくるに十分な表であると評価できる。高群以後の研究は多様に展開されているが、今日の時点で高群の研究に対して肯定できるところと認めがたいところがあるのは当然である。高群の研究は、全体として女性史研究に牽引されていて、それもあってかいく分母系制の残存を長く見積もっていることが特徴である。

　今日の通説としては、嫁取婚は鎌倉期には一般化したとするものが多い。たとえば、源頼朝と北条時政の娘すなわち政子との結婚を高群は妻家での妻問婚としているが、高橋秀樹によれば、「頼朝が女のもとを訪れるのではなく、時政の娘が継母らの住む館をでて、頼朝の住む東の小御所に移り住んでいる。東の小御所自体は北条の館の一部を提供されたものであるが、夫方居住の形をとっていたと考えるべきであろう」[4]と述べている。高橋は、同時期の貴族たちの結婚についても、執聟(ムコトリ)（婿取の古語）が慣習であった摂関家の結婚が、平安末期から鎌倉初期にかけて、男性が女性を迎えに行く「新迎え」となって夫方居住がはじまり、それも男性側の迎えなしで女性が男性宅に移る形態に推移して、鎌倉前期には嫁入り（嫁取婚）が一般化したとしている。女性側が提供する邸宅での執聟も、結婚当初の時期に限られ、一定期間の後には男性側の提供する邸宅に移っていたということであるから、これは高群のいう経営所婿取婚に該当し、これをもって擬制婿取婚は終了して父系原理の婚姻である嫁取婚が鎌倉前期に一般化したともいえよう。

　いずれにしても高群の研究は、昭和の戦前期に『母系制の研究』（1938年）において日本の家族史を体系的に説明できる研究業績として基本骨格が形成されたのであり、これによってその後の家族史研究のパイオニアとしての位置を不動のものにしたことは銘記されてよい。

---

[4] 高橋秀樹『日本史リブレット20　中世の家と性』（山川出版社 2004年）p.21

歯冠計測法による田中良之の研究

　歯冠計測法とは、人骨のなかでも最も長期保存に耐え、かつ遺伝性の認められる歯に注目し、古代遺跡から出土した歯の大きさや厚さなどの形状から、同葬者の血縁関係を考察する自然科学の方法である。田中良之は、日本の古墳時代の集中的な研究を行っており、その結果、最初に葬られた人に追葬されたのは、親や妻や子などのうちのどういう関係の血縁者であったのかを分析した。その結果、古墳時代にあっても同葬者・追葬者は、かなり時代ごとに異なっているという、注目すべき新鮮な知見を提供している。同葬者・追葬者は、当然のことながら生前に同居もしくは親しい関係にあった家族・親族の一定の範囲であり、その血縁性を歯冠計測法によって推定することで、当時の家族形態が類推できるというわけである。もちろん、古墳に葬られた人は当時の有力首長氏族であって、一般庶民ではないであろうが、家族形態の歴史的変化を研究する上で有力な方法となっている。現在のところ、田中がたどり着いた要点は、3つのモデル図4-1に示されている[5]。

　田中によれば、モデルⅠは、3～5世紀の古墳時代前半期にあたるモデルである。たとえば、福岡市老司(ろうじ)古墳がその好例であり、被葬者は、男と女、男性同士、女性同士、女性二体と男性一体など多様であり、かつ子どもを伴う事例もある。

　世代構成を復元すると、同世代の合葬が基本である。つまり、同世代の血縁者すなわち兄弟姉妹が基本となっている。すべて血縁者が葬られていて、結婚相手である配偶者は同じ墓には入っていない。実質的な血のつながりが重視されている。男女を区別しない双系の同葬原理が見受けられる。

　モデルⅡは、5世紀後半の古墳時代中期にあたるモデルである。たとえば、大分県上ノ原(はる)横穴墓群（5世紀後半から6世紀後半まで築造された）がその好例で

---

[5] 田中良之『骨が語る古代の家族―親族と社会―』（吉川弘文館 2008年）p.192

図4-1　基本モデルの変化

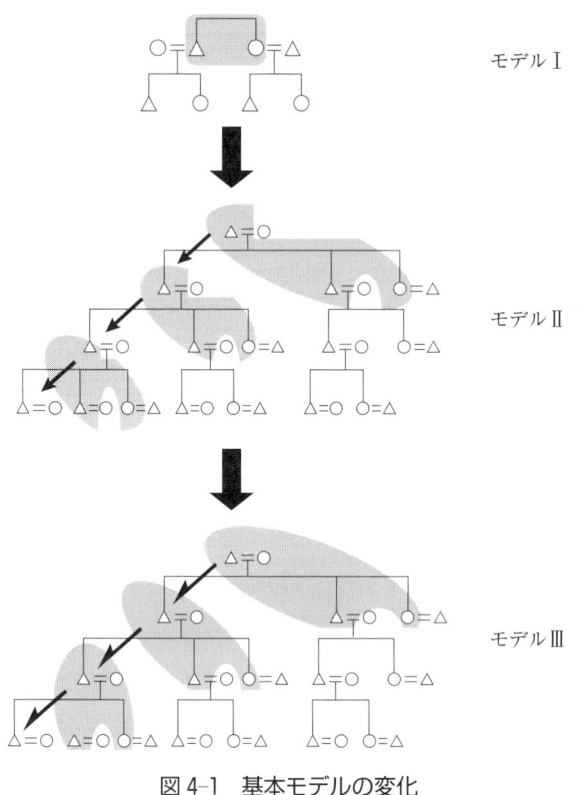

注）△男　○女
　　図中の網掛けは同葬者である。

あり、各横穴墓とも成人男性の死をきっかけに築造されており、父とその子のうちで次世代首長とはならなかった男子と女子の兄弟が合葬の単位となっている。

　兄弟のうち長子は、次世代の首長であり、父とは異なる墓に葬られていて、自らは父と同様に自分の子たちと合葬されている。どの世代ともに共通して、配偶者は決して同じ墓に葬られてはいない。女性は結婚・出産していても、死後は自分の出自集団に戻って、自らの父の墓に入っている。世代ごとに父系および直系の継承原理が現れたことが想定されるのである。

モデルⅢは、6世紀前半から中葉にかけての古墳時代後期にあたるモデルである。たとえば、山口市朝田墳墓群がその好例である。モデルⅢは、モデルⅡと同様に2世代（親と子）が単位となって葬られているが、モデルⅢは、第1世代が、歯冠計測法で血縁にはない男女で構成されている。すなわち夫婦の合葬と想定できる。だから、その女性は第2世代の母親であろう。この時代になって、はじめて夫婦が同じ墓に葬られているのである。

　しかし、どの世代においても、家長とならなかった子どもは、モデルⅡと同様に、父の墓に合葬され、自らの配偶者とは同じ墓には入らないのである。つまり、家長というリーダーのみが妻すなわち配偶者と合葬されていて、特別待遇であることから、家長権の父系継承が強調・誇示されていると理解できるのである。男性の家父長制家族の明確化が、少なくとも古墳を形成できた有力者・リーダー層に見受けられるのである。

　田中によれば、8世紀の律令期に作られた戸籍も戸主だけが妻を同籍させ、戸主以外は、たとえ結婚していても妻を同籍させていない。戸主だけが男女のペアとして同籍されているのであるから、モデルⅢに見られる古墳時代後期の同葬原理が、実質、戸籍の上では奈良時代にまで直結して続いているのである。

　こうした分析結果からは、どんなことがいえるであろうか。5世紀後半のモデルⅡ以降には、少なくとも同葬原理としては父系すなわち男系の原理が登場したことは確認されてよい。前述した高橋によれば、結婚した夫婦が同一の墓所＝堂に埋葬されるようになるのは12世紀以降であり、それ以前の院政期頃までは、墓地は出身の氏によって規制されていて、氏族が異なれば夫婦は別々に、すなわち各々の出身氏族の墓地に埋葬されていた[6]。やはり鎌倉時代が、婚姻形式としても墓地の原理としても父系氏族原理の嫁取婚の成立期であり、それ以降、結婚した女性は夫方の墓に葬られるようになった

6）高橋秀樹　前掲書　p.61

と考えられるのである。

　婚姻原理（高群のいう型式）と同葬原理の変化が直結すると考えることは、危険であり避けねばならないが、古墳中期以降には同葬原理としての父系制が現れるにもかかわらず、婚姻形態としては婿取婚という母系原理が長らく続くのであり（高群にいう父系母所）、結婚によって成り立つ家族が母系氏族による規制をかなり長い間受けていたといえるのである。

　家族史は、こうして氏族との関係はもとよりのこと、結婚の型式や同居形態など民族固有の発展史を持っており、その全容解明は依然として今日的課題である。

第2節　現代の家族

　前節では、家族史研究の一端に触れた。この節では、現代日本の家族の様相を概括し、家族形成における今日的課題を考えてみる。

高度成長期の変化

　よく指摘されることではあるが、戦後日本の家族類型は、大きく変化した。高度成長期には、1955年から1970年の15年間で1533万人が、農村から都市へ流入していき（ちなみに、平成18年『厚生労働白書』では図4-2をあげている）[7]、日本の産業構造の重点も第1次産業から第2次産業へと転換した。都市に流入した彼ら勤労者が、都市空間のなかで配偶者に出会って作り上げた家族は、多くの場合、親世代が地方で生活しているが故に伝統的な直系制家族ではなく、夫婦と未婚の子女という2世代家族である核家族とならざるを得ないことから核家族が増加していった。

　第2章で紹介したように、松下圭一によれば、工業化による都市人口の増

7）荒木敏夫・保坂智・加藤哲郎『日本史のエッセンス―歴史が物語るもの―』（有斐閣　1997年）p.333

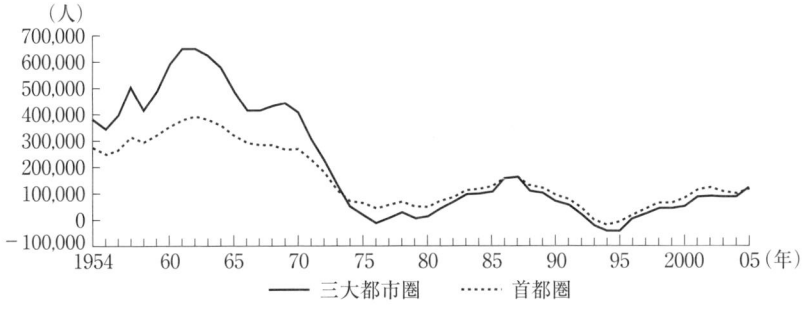

図 4-2　転入超過数の推移

出典）　総務省統計局「住民基本台帳人口移動報告年報（平成 17 年）」から厚生労働省政策統括官付政策評価官室作成 1954 年から 1972 年までは沖縄県の移動者数を含んでいない。

注）　1　「三大都市圏」：埼玉県、千葉県、東京都、神奈川県、岐阜県、愛知県、三重県、京都府、大阪府、兵庫県、奈良県の 1 都 2 府 8 県
　　　2　「首都圏」：埼玉県、千葉県、東京都、神奈川県の 1 都 3 県

表 4-2　戦後日本の都市農村人口と産業の変動

	都市と農村		産業構造		
	市部人口	郡部人口	就業者比率		
			第 1 次産業	第 2 次産業	第 3 次産業
1950（昭和25）年	37.3	62.7	48.5	21.8	29.6
1960（昭和35）年	63.3	36.7	32.7	29.1	38.2
1970（昭和45）年	72.1	27.9	19.3	34.0	46.6
1980（昭和55）年	76.2	23.8	10.9	33.6	55.4
1990（平成 2）年	77.4	22.6	7.1	33.3	59.0
2000（平成12）年	78.7	21.3	5.1	29.2	64.5
2005（平成17）年	86.3	13.7	4.8	26.1	67.2

大によって、農業人口比率が 30% を切った時点が都市型社会への「移行期」であり、同比率が 10% を切った時点が都市型社会の「成立」である[8]。この考えが提起された当時は、いささか図式主義を感じたものだが、今から振り返ってみれば、指摘の妥当性に感じ入ることが多い。表 4-2 では、都市人

8）松下圭一『現代政治の基礎理論』（東京大学出版会 1995 年）pp.44-45

口（市部人口）と農村人口（郡部人口）の対比および産業3部門別就業者構成をあげておいた。第1次産業就業者比率は1960年から1970年にかけて半減した。都市人口も1970年時点で70％を超えて、今日では85％強となっている。高度成長期の大変動によって1980年代以降の日本社会が、松下流の都市型社会の成立であったことを物語っている。こうした大変動を別の角度から眺めてみると、労働者階級は、1950年38.2％、1960年50.5％、1970年60.1％、1980年65.0％にまで増大した。企業で雇用された事務・生産・販売などの労働者が増大したのである。農家や自営業のような「家業」を家族全員で遂行するといった家族形態は衰退し、夫は社会で就業し、妻は専業主婦として家事・育児に専念するという性別役割分業に基づいた家族が肯定されていった。子どもは、もはや農業や自営業といった家業を継ぐ「跡取り」ではなく、学歴をつけて父親よりも高位な職業に就くことを期待され、西欧社会よりも「子どものために」という家族意識が一段と強い独特な核家族が形成された（日本型核家族）[9]。

　こうして、都市空間のなかで生活する都市型家族が増大し（「団地族」）、夫の給料で妻が食料・家具・雑貨などの生活に必要な資材を購入して消費・生活するという「商品消費者家族」が定着したのであり、その意味では家族の根拠である①血縁（一定の範囲の血縁者から構成されること）、②生計（経営単位である世帯となっていること）、③同居（生命生活再生産の場の共通）の3つの共同性のうち、生計の共同性を商品消費によって成り立たせている単位としての家族の実態が構築されたのである。

　こうした動きを促進したものが、石炭から石油・プロパンガス・都市ガスなど手軽で便利なエネルギー利用への移行であり、プラスティック・ビニールハウス・ストッキング・化繊などが産業・生活資材としても普及して、エネルギー多消費型生活様式が作られた。高度成長期初期においては、民間借

9）山田昌弘『迷走する家族―戦後家族モデルの形成と解体―』（有斐閣　2005年）p.116

家市場に不良住宅が多かったことから、ステンレス流し台・水洗トイレ・リビングルームの団地生活へのあこがれが強かった。婚姻における「見合い婚」から「恋愛婚」への移行、肉や牛乳の普及や育児用粉ミルクの急速な浸透、子ども向けのお菓子・おもちゃ・テレビ番組……などといった、戦後日本人の生活のありようが衣食住において大きく変わった「消費革命」の時代を迎えたのであった。

その象徴が家庭電化製品の普及であった。赤ちゃんがいる家庭では、平均3～4時間もかかった重労働である「洗多苦」からの解放が、電気洗濯機の普及によってもたらされ（「ミシンとともに嫁入道具に」：メーカーの宣伝コピー）、一日の家事労働時間は10時間16分から9時間2分に短縮され、1970年代には7時間台となった（「カカア電化」の流行語）[10]。

あわせて進んだのが「流通革命」であり、都市生活で膨大な需要のある食品・衣類・雑貨などの消費財を大量・迅速・効率的に供給するために、「パック包装された食品」「購買意欲をくすぐる陳列棚」「紙パック牛乳」「即席麺」「洗濯機用洗剤」「シャンプー」などのナショナルブランドが育ち、セルフ販売をキャッチフレーズにしたスーパーマーケットが出現し、瞬く間に普及した。都市生活には、こうした新しい商品に敏感かつ即座に対応する商品消費社会が形成され、次いで農村にも普及したのであった。

まとめていえば、基本的な衣食住に関わる商品が手に入れば諸個人は生活できるわけだから、家族の協働がなくても「一人で生きていける」時代が、現象的には訪れたのであって、これは日本の歴史のなかではじめてのことであっただろう。かつては、主婦の調理も、素材・原料を包丁で切断・成形して加熱・味付けする……と手間のかかる労働だったが、あらかじめ断片化されパック包装された食品やインスタント食品の普及によって、ほんの少しの加熱処理で食事ができ、家族団らんはテレビ視聴で代替され、裁縫などの主

---

10) 武田晴人『シリーズ日本近現代史8 高度成長』（岩波書店 2008年）p.105

婦の「夜なべ仕事」は消え失せたのだった。高度成長を経て、その後には、「個食」「ホテル家族」「寝食だけの共同体」「家族ゲーム」などといわれる疑似家族論が 1980 年代に入っていわれるようになった。

　戦後日本の近代家族や近代化の行き着いた帰結が、こうした「個人化」であったとすれば、それがもたらした負の側面は、現代においてホームレス、ワーキングプア、孤（独）老死など、青壮年・高齢期の人々に見られる、家族や地域社会からはじき出されて、生きていけなくなった状態の発生であり、こうした問題に対する「自己責任」論の登場である（『格差社会』「勝ち組・負け組」）。しかし、次第に、生活困難を抱えた人々のネットワークづくりや、それを支援する運動も、ユニオンづくりや福祉支援市民活動として広がってきている。高齢者介護などの生活問題は、たとえば自己努力・家族努力で解決できる性格のものではなく、集合的な社会的措置が必要である。そこに、個人や家族をつなぐ役割を歴史のなかで持ってきた地域社会の存在意義があるといえるのである。

▍現代家族の諸相

　都市に居住する現代家族の直接的ルーツは、高度成長期に地方から都市圏に流入した人々が作り上げた家族であり、現在ではその 3 〜 4 世代目に移行している。そうした現代家族の現状を国勢調査からかいつまんで見てみよう。

　図 4-3 は、家族類型の推移である。核家族世帯は、1980 年から 1985 年にかけて 60％の大台に上ったが、その後わずかながら減少している。夫婦とその両親・片親、夫婦・子どもとその両親・片親などからなるその他の親族世帯は、高度成長初期の約 30％（1960 年）から今日（2005 年）の約 12％にまで半減した。いうまでもなく、これらの変動をもたらしたのは、単独世帯の急速な増大であり、単独世帯は 1960 年との比較で倍増している。この原因は、後述のように若い世代の未婚率の増大および高齢化率の高まりによっている。

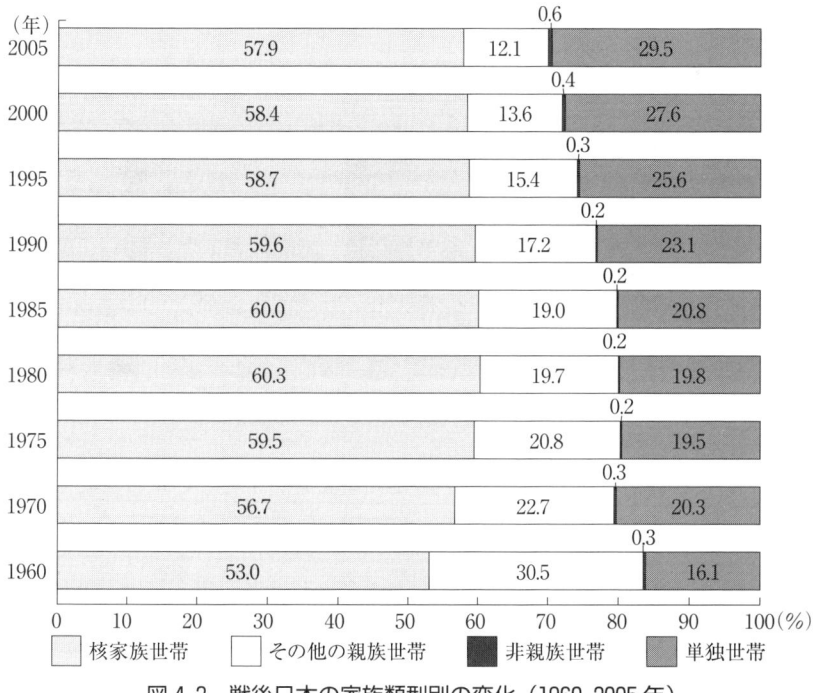

(年)	核家族世帯	その他の親族世帯	非親族世帯	単独世帯
2005	57.9	12.1	0.6	29.5
2000	58.4	13.6	0.4	27.6
1995	58.7	15.4	0.3	25.6
1990	59.6	17.2	0.2	23.1
1985	60.0	19.0	0.2	20.8
1980	60.3	19.7	0.2	19.8
1975	59.5	20.8	0.2	19.5
1970	56.7	22.7	0.3	20.3
1960	53.0	30.5	0.3	16.1

図4-3　戦後日本の家族類型別の変化（1960-2005年）

　次いで指摘できることは、家族規模の驚くべき減少である。図4-4は、家族類型別に見た平均世帯人員を示している。総世帯および普通世帯（総世帯から施設入居世帯などの準世帯を差し引いたもの）では、1960年の4.5人から2005年の2.6人に半減している。高度成長初期には、世帯人員平均5人弱が日本家族のイメージであったのだが、今日では3人弱というように少子化が進んでいて、極端に世帯規模の小さい家族が一般化しているのである。国立社会保障・人口問題研究所編『人口の動向　日本と世界―人口統計資料集―』（以下『人口統計資料集2008』と略記）では、比較年度が同一ではないものの、主要国の平均世帯人員をスウェーデン2.1人（1990年）、西ドイツ2.3人（1987年）、アイルランド2.5人（1991年）としており、日本はアイルランドと並んで主要国中で3番目の小規模家族となっている。後述のように、北欧

第4章　家族研究と社会学　75

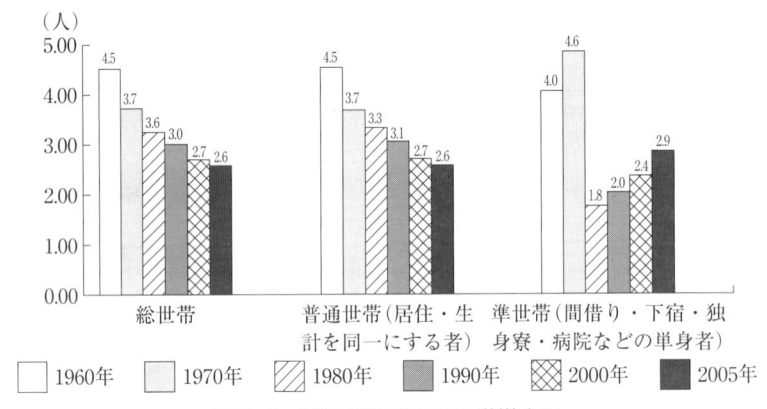

```
(人)
5.00                                           4.6
      4.5              4.5
4.00      3.7              3.7                4.0
              3.6 3.0          3.3 3.1
3.00              2.7 2.6          2.7 2.6           2.9
                                                2.4
2.00                                        2.0
                                        1.8
1.00

0.00
         総世帯        普通世帯（居住・生  準世帯（間借り・下宿・独
                     計を同一にする者）    身寮・病院などの単身者）
```
☐ 1960年　☐ 1970年　▨ 1980年　■ 1990年　▨ 2000年　■ 2005年

図 4-4　家族類型別の平均世帯人員

社会では事実婚は一般化しており、夫婦同居を常とはしない世帯構成も珍しくはないことから、父（母）子家庭あるいは夫婦のみという小さな世帯規模となるのである。したがって、日本やアジア社会とは様相を異にするので単純な比較は困難だが、アジア社会では、1990年時点で韓国が 3.7 人、中国が 4.0 人、フィリピンが 5.3 人であり、アジア社会においても日本の世帯規模縮小は異様である。家族内に起こる物質的精神的人間関係的諸問題は、問題の発生を防いだり緩和したりする拡大家族のような緩衝帯をもはや失っているし、これ以上の世帯分割は裸の個人が出てくるだけなので、家族の問題解決能力に期待するのは、とうてい困難な状態にあるといえよう。

　また、家族規模の縮小と関わっている重要な論点は高齢者問題である。図4-5 は、『人口統計資料集 2008』における 65 歳以上の高齢者の家族類型である。1980 年では「子ども夫婦と同居」している高齢者が過半であったのだが、2006 年では約 20％に大きく減少した。かわって、「ひとり暮らし」の高齢者および「夫婦のみ」の世帯が倍増した。このことは、一面では世帯規模の縮小と相まって、親子というタテのつながりよりも夫婦というヨコのつながりで形成されるべきだとする夫婦制家族（核家族）の規範と実態が浸透したとも評価できるが、他面では公的年金の貧弱さなどの社会保障の不備に

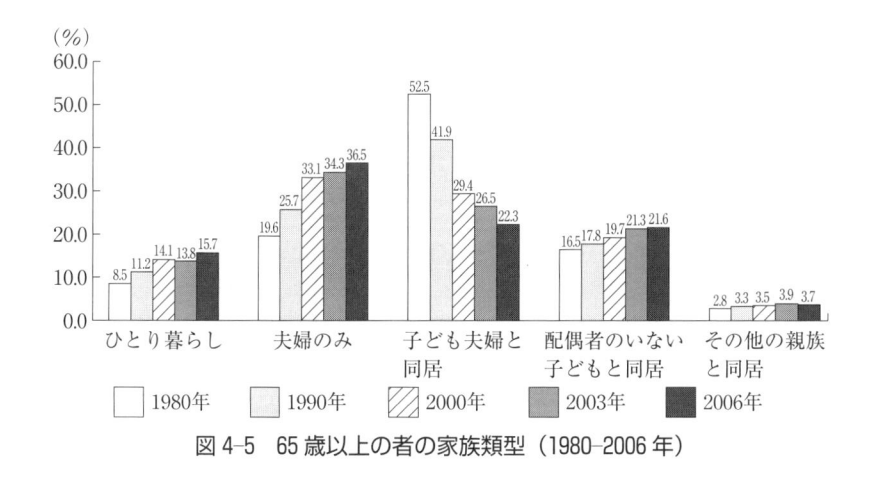

図4-5　65歳以上の者の家族類型（1980-2006年）

よって、経済的基盤を欠いた高齢者核家族が増大して、孤独（老）死や老々介護という問題を現出させている。未婚あるいは離別を想起させる「配偶者のいない子どもと同居」する高齢者も微増しており、世帯規模が小さくて介護力に欠け、経済的基盤に事欠くような、生活防衛力が相対的に弱い現代核家族の負の一面が高齢者家族に押し寄せていることを垣間見ることができるのである。

では、日本の家族はどうなるのか？　その将来予測が図4-6である（『人口統計資料集2008』）。表記は省略したが、核家族世帯は2010年57.9％から2025年54.6％に漸減する。核家族を「夫婦のみ」「夫婦と子」「ひとり親と子」に細分類してみると、「夫婦のみ」は現状維持であるが、少子化のもとで「夫婦と子」は減少していき、一般世帯のうちで4分の1程度になるだろうと予測されている。かわって増大することが必至なのは、単独世帯であり一般世帯の約35％にまで達する。

こうして日本の家族は、家族の通常イメージであった「夫婦と子」からなる世帯がマイノリティになることが予想されていたり、単独世帯の人々がマジョリティになる時代を迎えるのである。単独世帯は、当然、未婚者の増大や主として高齢者に多い配偶者との離死別などによって発生する。家族形成

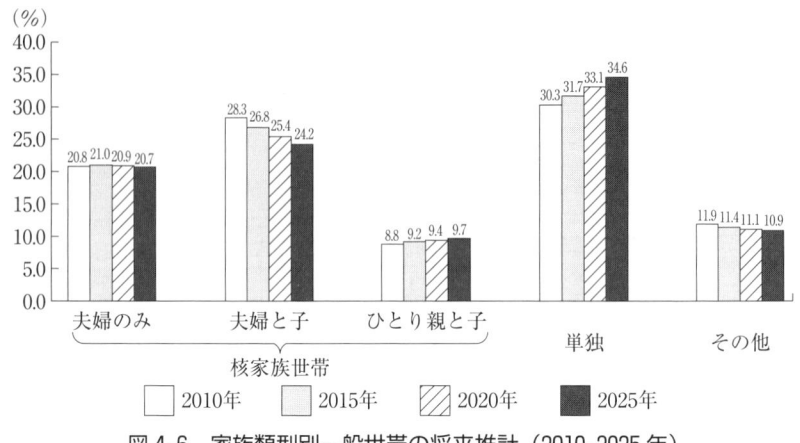

図4-6　家族類型別一般世帯の将来推計（2010-2025年）

凡例：夫婦のみ（20.8 / 21.0 / 20.9 / 20.7）、夫婦と子（28.3 / 26.8 / 25.4 / 24.2）、ひとり親と子（8.8 / 9.2 / 9.4 / 9.7）＝核家族世帯、単独（30.3 / 31.7 / 33.1 / 34.6）、その他（11.9 / 11.4 / 11.1 / 10.9）。各年は2010年／2015年／2020年／2025年。

を自明の自然の営みであるとする通念は衰退したと見ざるを得ず、その限りでは、日本家族の将来に明るい展望を描くことは、正直難しいといわざるを得ない。

こうして日本の現代家族に押し寄せている世帯規模の縮小・高齢化・少子化・単独世帯化などの趨勢が意味しているものは、何であろうか。それは、家族形成が決して自然の営みではなくなってきていることであり、形成しない自由も含めて家族とは、諸個人が指向する多様なライフコースに即して、それぞれにふさわしい家族の形態と人間関係を選択するようになっていることを示している。

そうした傾向を物語るものとして初婚年齢と婚姻カップルの年齢差を示したのが図4-7である（『人口統計資料集2008』）。夫の初婚年齢は2006年時点でついに30歳に到達し、妻も28歳を超えた。夫婦の年齢差は減少し、同世代カップルが趨勢である。厚生労働省「賃金構造基本統計調査」（2007年）によれば、全産業を平均して、大卒、勤続年数7.1年の正社員男性（32.6歳）の所定内給与（残業を含まず）は、税込みで月当たり32万1100円（賞与118万1700円）であり、年収はちょうど500万円に達したと推定できる。もちろん、

図 4-7　初婚年齢と年齢差

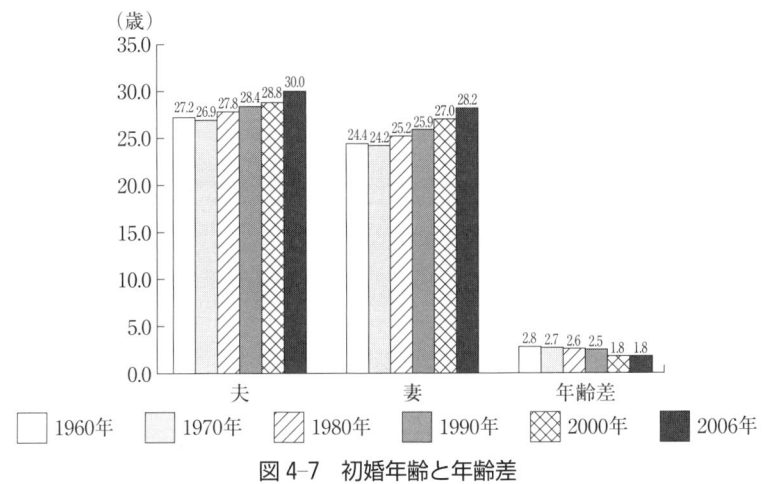

手取り収入は、これより下がる。そうすると、年収500万円には満たない20歳代での結婚は、共働きでないと経済的に苦しいと想定できる。子どもの教育費負担や家事育児は、若い世代の世帯が直面する問題であり、仕事と家事の両立の困難さなどが、結婚を躊躇させる要因となっている。共働き世帯の増加は、女性の就労を通じた自己実現のプロセスであるとともに、男性の稼得力不足を補う方法でもあることになるのである。

　初婚年齢の上昇は、いうまでもなく晩婚化傾向の高まりである。図4-8、4-9では、1960年から2005年までの長期スパンで各年齢階層ごとの未婚率を見ている(『人口統計資料集2008』)。男女ともに、どの年齢階層においても最近になるほど未婚率が高まっている。20歳代後半でかつては男性の半数、女性の8割が結婚していたのであったが、今日では男性の7割、女性の6割が未婚であり、30歳代前半に至っても男性の半数、女性の3割が結婚していないという状態が生じている。特に、男女ともに20歳代後半における未婚率の上昇率が、きわめて高いことが特徴となっている。図は省略したが、主要国での未婚率を比べてみると、日本の未婚率は、男女ともにすべての年齢階層を通じて、アメリカよりも高くなっている。北欧のスウェーデンは、

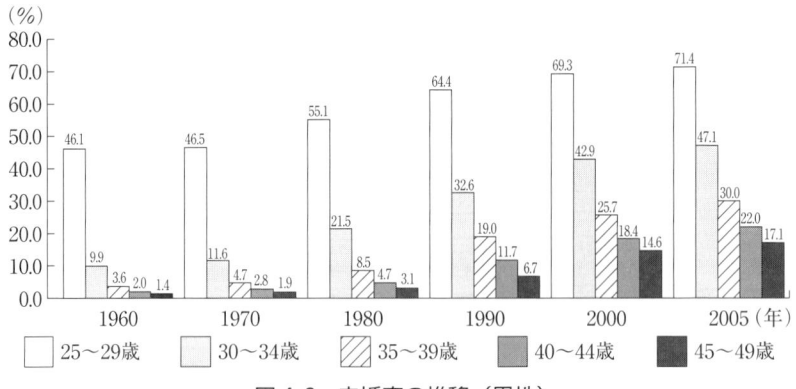

図 4-8　未婚率の推移（男性）

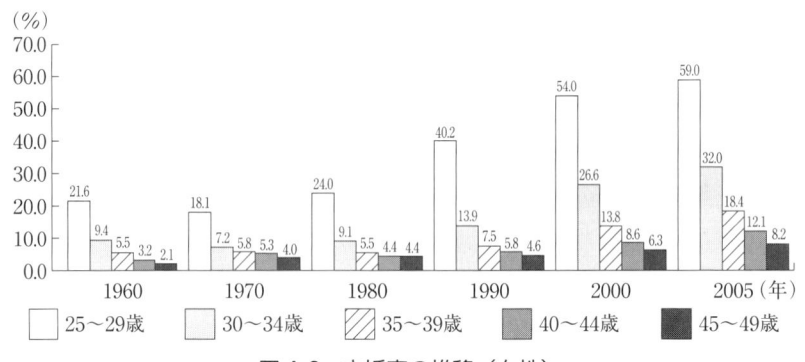

図 4-9　未婚率の推移（女性）

全年齢階層平均での未婚率が、男性 44.4％、女性 35.3％（ともに 2003 年）と極端に高いが、次いで未婚率の高いイギリスやフランスと、ほとんど日本は肩を並べているのである（『人口統計資料集 2008』）。今日ではよく知られるようになったことだが、北欧における未婚率の高さは、婚姻届を提出する法定婚の極端な低さ、ひっくり返していえば事実婚の社会的受容に起因している。したがって、未婚率の高さが、ストレートに夫婦・家族関係にないことを示すのではない。同居を不可欠とはしない事実婚カップルは、社会的に広く認知されており、公共住宅入居に際しても一家族と見なされて、入居は可能と

なっているのである。

　日本の家族の将来は、前述のように、世帯規模の縮小・高齢化・少子化・単独世帯化などの高まりであると考えられる。私は、これらを一概に「家族の危機」として議論する立場には立っていない。家族を必要とする人々は家族を自分なりに作ればよいし、パートナーはいても同居しなかったりして一生涯を独身で過ごすような人生の選択をした人々も広く社会的に認知されてしかるべきだと思っている。むしろ問題とされるべきは、未婚の成人を一人前の社会人としてなかなか認知しない傾向の強い社会通念と、日本家族に押し寄せている現実とのギャップの広がりにあるように思う。そこで最後に、現代日本家族の「危機」の断面を、いわゆる「熟年離婚」で見てみよう。図4-10（『人口統計資料集2008』）のように、結婚同居後4年未満での離婚は、離婚全体に占める割合が低下し、同居期間15〜19年での離婚割合が倍増するとともに、同居20年以上を経ての離婚割合が4倍弱に顕著に増大している。結婚によってひとたび形成された家族が永遠であるなどとは、多くの人々は考えていないだろう。とはいえ、家族という集団が、ある場合には個人の自律を妨げる集団となっていて、家族の存在理由を揺るがし、ひいては家族解

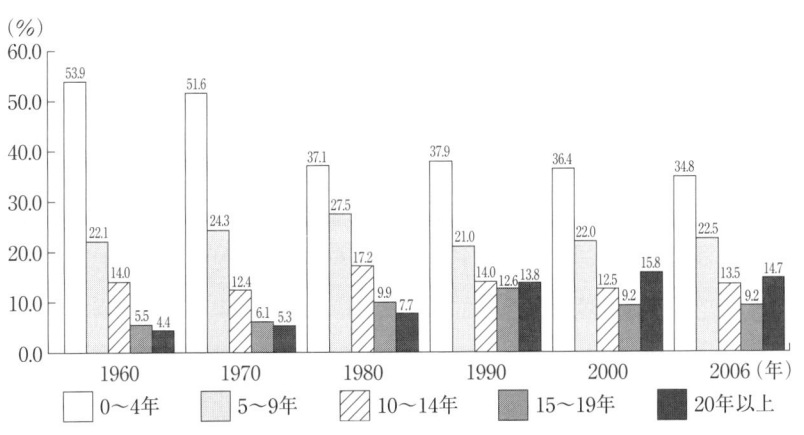

図4-10　同居期間別に見た離婚の割合（各年度の離婚総数に占める割合）

体に至るということが、「熟年離婚」の増大で示されているのが現在であろう。

第3節　これからの家族

　国立社会保障・人口問題研究所が行ってきた注目すべき調査に「出生動向基本調査（出生と結婚に関する全国調査）」がある。直近の調査は第13回が2005年に行われ、50歳未満の既婚女性6836人からの回答を得ている。ここでは、回答によせられている結婚観・家族観を取り上げる。

　1997年に行われた第11回調査では、質問項目を「多様な結婚観と伝統的結婚観」および「個人重視と夫婦・家庭重視」に整理して、既婚女性の「伝統的結婚観が弱まり、結婚観の多様化が進行している（結婚観の多様化傾向）」、ならびに「結婚をめぐる個人重視の傾向（女性の自立・主体的生き方の強まり）」を指摘していた。そこで、この後の調査データをこの整理軸に即して重ねてみたのが図4-11、4-12である。それぞれの質問項目の上段は第11回（1997年）、中段は第12回（2002年）、下段は第13回（2005年）での比率である。

　「多様な結婚観」と「伝統的結婚観」のうち、どちらを選択する傾向にあるのかを見てみると、「結婚したら、子どもは持つべきだ」および「男女が一緒に暮らすなら結婚すべきである」に賛成する意見が7割以上あり、結婚後子どもの出生を当然としたり同棲婚を認めないような「伝統的結婚観」が強い。とはいえ、その割合は低下傾向にあり、「多様な結婚観」を支持する意見は2割を超えている。さらに「多様な結婚観」を支持する意見は、「結婚後は、夫は外で働き、妻は家庭を守るべきだ」に反対する意見および「結婚前の男女でも愛情があるなら性交渉をもってかまわない」に賛成する意見が7割として表れている。女性の社会的就労の進展が性別役割分業の否定に、性の自由化傾向が婚前性交渉の容認につながることは当然であって、この点に関する限り「伝統的結婚観」の傾向的減少は必至である。しかし、妻たる

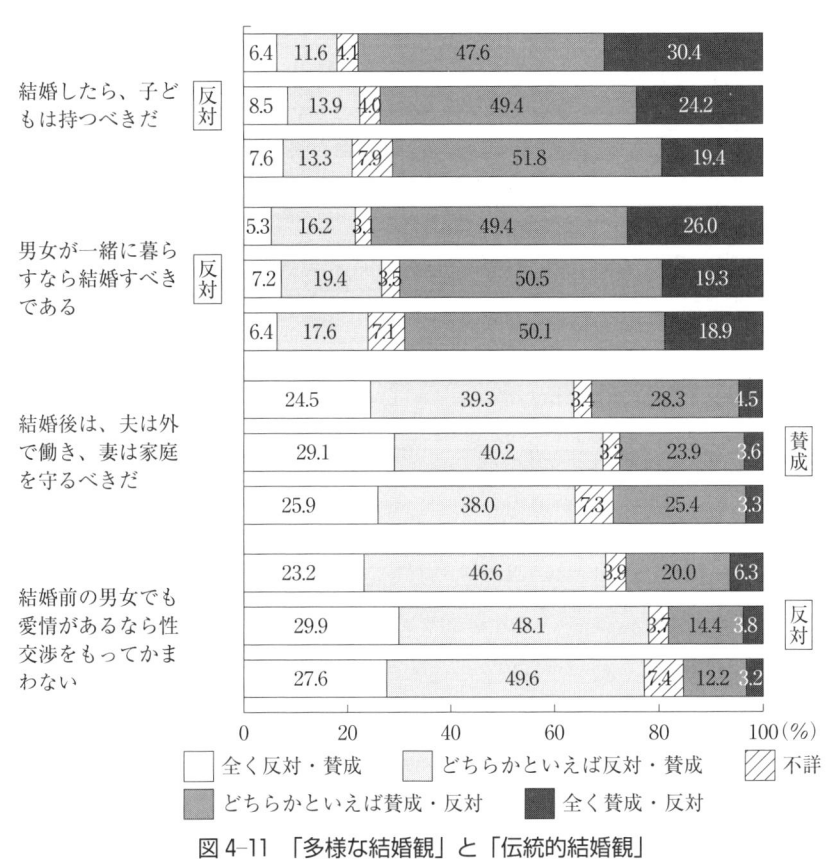

図 4-11 「多様な結婚観」と「伝統的結婚観」のグラフデータ:

結婚したら、子どもは持つべきだ（反対）
- 上段: 6.4 / 11.6 / 4.1 / 47.6 / 30.4
- 中段: 8.5 / 13.9 / 4.0 / 49.4 / 24.2
- 下段: 7.6 / 13.3 / 7.9 / 51.8 / 19.4

男女が一緒に暮らすなら結婚すべきである（反対）
- 上段: 5.3 / 16.2 / 3.2 / 49.4 / 26.0
- 中段: 7.2 / 19.4 / 3.5 / 50.5 / 19.3
- 下段: 6.4 / 17.6 / 7.1 / 50.1 / 18.9

結婚後は、夫は外で働き、妻は家庭を守るべきだ（賛成）
- 上段: 24.5 / 39.3 / 3.4 / 28.3 / 4.5
- 中段: 29.1 / 40.2 / 3.2 / 23.9 / 3.6
- 下段: 25.9 / 38.0 / 7.3 / 25.4 / 3.3

結婚前の男女でも愛情があるなら性交渉をもってかまわない（反対）
- 上段: 23.2 / 46.6 / 3.9 / 20.0 / 6.3
- 中段: 29.9 / 48.1 / 3.7 / 14.4 / 3.8
- 下段: 27.6 / 49.6 / 7.4 / 12.2 / 3.2

凡例: 全く反対・賛成 / どちらかといえば反対・賛成 / 不詳 / どちらかといえば賛成・反対 / 全く賛成・反対

図 4-11 「多様な結婚観」と「伝統的結婚観」

注）上段：第 11 回（1997 年）、中段：第 12 回（2002 年）、下段：第 13 回（2005 年）

社会的位置の確認に相関する項目であるところの「子どもは持つべき」かつ同棲婚は容認しないという、「伝統的結婚観」に対する「自己保身」的支持が「多様な結婚観」の拡大を押し留めているのである。

もう一つの論点である「個人重視と夫婦・家庭重視」の結婚観については、「多様な結婚観と伝統的結婚観」と比べて、全体的に「個人重視」の傾向が明らかになっている。「生涯を独身で過ごすというのは、望ましい生き方ではない」および「いったん結婚したら、性格の不一致くらいで別れるべきで

第 4 章　家族研究と社会学　83

生涯を独身で過ごすというのは、望ましい生き方ではない	反対	8.1	36.7	4.2	38.2	12.7
		9.6	39.7	4.3	37.8	8.7
		8.6	31.2	8.1	40.1	12.1

いったん結婚したら、性格の不一致くらいで別れるべきではない 反対
12.9　32.1　3.9　36.7　14.4
13.5　31.0　3.8　38.6　13.2
12.1　29.1　7.9　38.2　12.7

結婚したら、家庭のためには自分の個性や生き方を半分犠牲にするのは当然だ 反対
18.5　43.4　3.5　30.1　4.6
17.0　40.4　3.3　33.8　5.6
14.0　38.5　7.1　34.8　5.6

結婚しても、人生には結婚相手や家族とは別の自分だけの目標を持つべきである 反対
33.7　45.6　3.7　14.4　2.7
32.6　49.3　3.4　12.8　1.9
30.7　50.4　7.3　10.4　4.2

0　20　40　60　80　100(％)

□ 全く反対・賛成　□ どちらかといえば反対・賛成　▨ 不詳
▨ どちらかといえば賛成・反対　■ 全く賛成・反対

図 4-12 「個人重視」と「夫婦・家庭重視」
注）上段：第 11 回（1997 年）、中段：第 12 回（2002 年）、下段：第 13 回（2005 年）

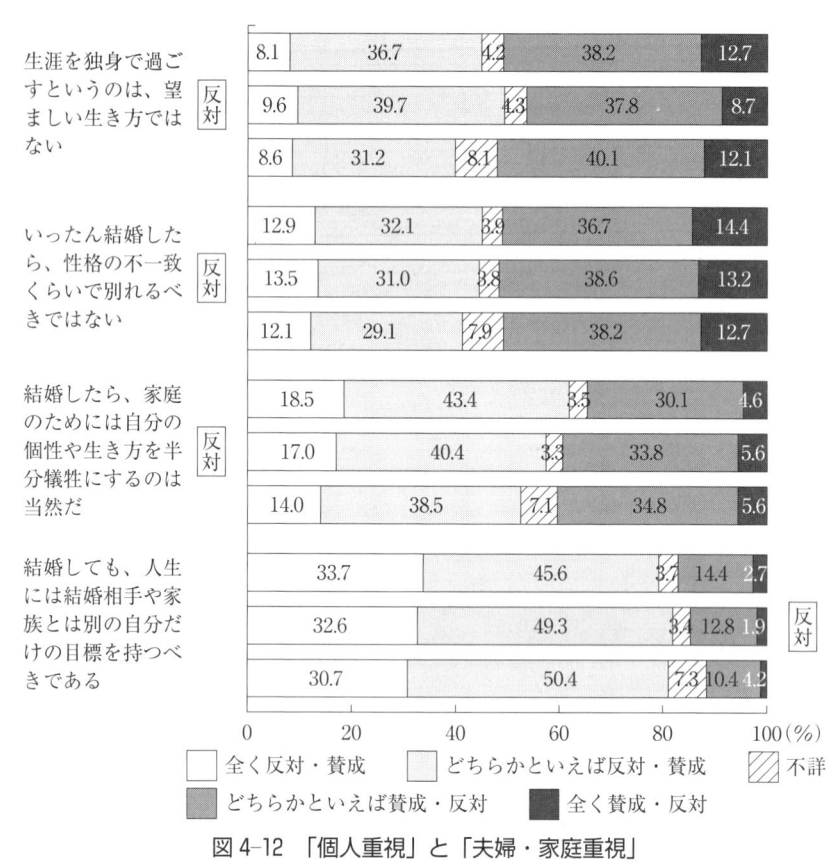

はない」の項目については、賛否が相半ばし、それに対して「結婚したら、家庭のためには自分の個性や生き方を半分犠牲にするのは当然だ」および「結婚しても、人生には結婚相手や家族とは別の自分だけの目標を持つべきである」の項目については、「個人重視」を支持する意見が「夫婦・家庭重視」を上回っている。「家族とは別の自分だけの目標を持つべき」を圧倒的多数の既婚女性が支持しながらも、「生涯を独身で過ごすというのは望ましい生き方ではない」し「性格の不一致くらいで別れるべきではない」と半数

の女性が考えているが、あとの半数の女性はそうは考えていないし、それ以上に半数以上の既婚女性が「自分の個性や生き方を半分犠牲にする」ことには反対しているのである。したがって、「個人重視」を基調にしながら、半数の既婚女性は、それと抵触しない範囲で結婚によって作られた家庭を維持しようとするが、残る半数の既婚女性は、独身生活や離婚を肯定しつつ「夫婦・家庭を重視」する指向性のなかにある、といえそうだ。

「多様な結婚観と伝統的結婚観」で触れた妻たる社会的位置へのこだわりが、現実の結婚生活のなかでは「自分の個性や生き方を犠牲にする」こともままあり得て、「自分だけの目標を持つべきだ」への賛成意見よりも下回って分布しているのである。

また、「多様な結婚観と伝統的結婚観」と同様に、下段の第13回（2005年）調査では、「多様な結婚観」と「個人重視」への指向性に一定のかげりが出ている。その要因として考えられることは、構造改革による女性の非正規就業者化の進展であり、調査対象者中に占める就業継続者の比率は減少し、替わって再就職者が第12回（2002年）に比して増大していることである。第11回調査（1997年）から第12回調査（2002年）への変化が、「伝統的結婚観」「夫婦・家庭重視」から「多様な結婚観」「個人重視」への比重変化であるとすれば、経済状況の悪化が、個人に対する家族の防衛機能を高めることで、この動きを押し留めているのである。

「出生動向基本調査（出生と結婚に関する全国調査）」を過去3回分振り返って見てきたが、基本的には「伝統的結婚観」「夫婦・家庭重視」から「多様な結婚観」「個人重視」への比重変化を確認できるように思う。そこで、紹介してきた整理軸のうち「多様な結婚観と伝統的結婚観」を横軸に、「個人重視と夫婦・家庭重視」を縦軸において、質問項目への回答結果を敢えて図に示せば図4-13のように表現できよう。

右下のゾーンには「伝統的結婚観」と「夫婦・家庭重視」よりなる結婚・家庭観が位置し、対極である左上のゾーンには「多様な結婚観」と「個人重

```
              個人重視
               ↑
    将来の家族  │
              │
  多様な結婚観 ─┼─ 伝統的結婚観
              │
              │ 現在の家族
           夫婦・家庭重視
```

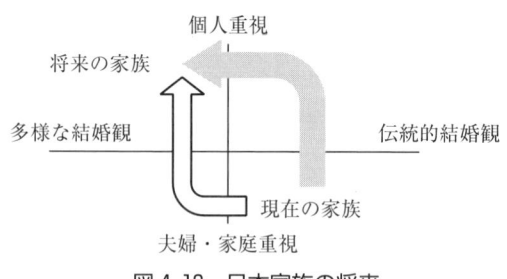

図4-13　日本家族の将来

視」よりなる結婚・家庭観が位置することになる。これまで検討してきた日本家族における規模の縮小・少子化・未婚化などの現状に鑑みれば、今後、日本の家族は、「多様な結婚観」と「個人重視」よりなる結婚・家庭観である「将来の家族」ゾーンに移行することが避けられないと思われる。その際、どういう経路を通じて「将来の家族」ゾーンに到達するのかを予測するのは至難であるが、質問項目への回答の出方からすれば、「多様な結婚観」を支持する意見よりも「個人重視」を支持する意見の方が強く出ていることから判断すれば、「個人重視」が増大するルートを経由して「将来の家族」ゾーンへ接近していくのが、当面の日本家族の変容コースであると考えられるのである。

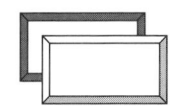

＃ 第 5 章

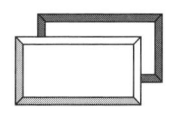

地域研究と社会学

第1節　地域社会になぜ注目するのか？

　社会学は、人々が生きる上で必然的に取り結ぶ他者との関係性のパターンに注目してきた。人間誰しも、必ず家族・地域社会・職場などでの他者との交流のなかで、その一生涯が展開されるものである。そう考えた際、ここで取り扱う地域社会とは、家族に次いで人と人とが取り結ぶ交流の圏域であることになる。いうまでもなく、地域社会とは、国民国家である全体社会の一部であるが、どこまでの範域を地域社会として理解するのかは、考察の対象となる人と人との社会関係の広がりによって異なる。つまり、近隣というような身近で相対的に狭い圏域内での社会関係を考察の対象とするならば、この場合、地域社会とはいわゆるコミュニティの語句で語られることの多い町内会・自治会や小学校区などとして理解されるであろうし、市域規模での住民活動などを考察の対象とするならば、一応、行政市の圏域が考察の対象となるように、地域社会の概念は相対的である。今日では、市や県をまたがる通勤・通学も珍しくはないし、情報伝達手段の発達によって全体社会や海外での情報もたやすく入手できる、いわゆるグローバル社会が実現している。その限りでは、地域社会というような相対的に狭い圏域の持つ意味合いが感じ取られにくい場合が多いのも事実である。

　しかし、重要なことは、人間の歴史にとって地域社会は、常に人々の日常的な生活圏域であることである。人々の日常的な生活圏域が、自らの選択の

余地もなく宿命的に出生した共同体に限定されていたような時代はもちろんのこと、グローバル化した現代社会にあっても、直接的な生命の再生産である家庭消費生活が地域社会を足場にしていることは間違いないし、とりわけ高齢者や子どもの生活空間が、専ら地域社会に限定されていることは明らかである。人々は、生きるために行う日常的な生業を通じて、諸個人ごとに固有な一定の形態をとった社会関係を常に地域社会の場で形成してきた。それらが地域社会で常態となったときには、その定型的な社会関係が、当該地域社会で展開される社会関係の基本型を成すことになる。この基本型を成す社会関係が、地域社会の風土や慣習と有機的に結びついたとき、個性的な地域文化が形成されてきた。その限りでは、地域文化は、物質的環境（自然資源や地理的条件など）の限界内で成り立っている人々の生活を維持し再生産するための役割を発揮してきたし、反面、地域文化に反する諸行為を非難する「人倫」としても規範化されてきた。そして、地域社会ごとに固有な地域文化の累重・堆積として、全体社会の国民文化が形成されてきたのである。言い換えれば、地域文化は国民文化に歴史的に先行するのである。日本にあっては、この種の国民文化が形成されたのは明治以降のこと、とりわけ鉄道網が急速に整備されて人々の往来が活発化した明治30年代以降のことである。日本における国民文化の形成過程には、日本独特の事情が関与している。鉄道網の成立とは、長距離輸送と高速輸送の両面での道路輸送に対する鉄道の勝利であるとともに、「日本列島の地域的まとまりを壊す一方で、地域間の関係を再編成する契機となった」[1]のであって、気候的特徴を示す言葉であった「裏日本」が後進性の意味で用いられるようにもなったのもこの時期である。そうなるについては、明治期の条約改正問題、日清戦争、三国干渉と続いた日本を取り巻く状況の一大変化が、「国民のあいだに新たなナショナルな意識を醸成し、思想が成立する基盤そのものを転換した」[2]という事

---

1) 葛西大和「近代の交通革命」（赤坂憲雄・中村生雄ほか編『いくつもの日本 3 人とモノと道と』岩波書店 2003年）p.246

情があげられる。「大なる日本」(『国民の友』第 179 号) というスローガンに示される鹿野政直が指摘するところの「膨張的日本」[3] が顕在化し、到達すべきモデルを西洋文明に設定して、それとの種差性から伝統的な地域文化を劣等評価する形での近代化の道が歩まれたのである。しかしながら、地域文化が、新たに形成されつつある国民文化に完全に統合され、姿を消してしまうわけではない。地域社会で日々展開されている社会関係を下地にして形成される地域文化は、前述のように地域的環境内で形成されたものであるから、容易には解消されない性格のものである。言語 (方言や口調) や生活の仕方など、現代でも伝統的な色彩を留めている地域文化が存在するのである。

　地域社会を考察する際に 2 番目に注目しておく必要があるのは、地域社会は階級の対立・抗争・協調・同盟の場でもあることである。戦前日本社会では、地方と政府との意思の不一致による政局の混迷を避けるという山県有朋の考えもあって、都道府県知事は中央政府の任命制であり、住民による公選制ではなかった。戦後社会における住民の直接選挙による知事や市長の選出である公選制は、住民意思が地方自治体に反映する仕組みを作ったという点で、今日でもその意味は大きい。巨大開発による地域資源の乱奪や環境悪化を予防したり、地域生活に存在するさまざまな福祉要求に対応するためには、地方自治体がいかなる政策を発動するのか、は決定的に重要である。大資本の経営戦略に依拠した地域開発は、自治体トップや地方議会での承認ひいては地元商工会議所や経営者団体などの系列機関における同意の調達などを通じて推進される。その限りでは、階級諸党派の経済的利害を実現すべく、階級・階層・諸党派の政治的組織化が地域社会の場では展開されている。したがって、地域支配構造とは、階級利害を実現すべく組織されるところの階級・階層・諸党派による相互の同盟・反発・対抗の社会関係が作り出す地域社会の構造であることになる (権力ブロック)。たとえば、戦前の農村社会で

---

2) 米原謙『徳富蘇峰―日本ナショナリズムの軌跡―』(中公新書 2003 年) p.98
3) 鹿野政直『日本の近代思想』(岩波新書 2002 年) p.6

は、いわゆる寄生地主層による支配構造ができあがっていた。生産高の半分にも及ぶ高額小作料は、小作層の生活の再生産を不可能にさせるほどの比率であったが、零細地主や自作農を中心とした中間層が寄生地主による農村支配に同意を与えたり支持したりする構造ができあがっているなかでは、小作層の小作料減免などの諸要求が農村社会のヘゲモニーを獲得することは困難であった。このようにして、一定の階級の経済的利害の達成は、常に地域社会の場での政治的同意の組織化というプロセスを伴うのであって、階級・階層・諸党派間の利害をめぐる対立や同盟などの政治過程が地域社会の場では不断に展開されているのである。

　1970年代に日本でわき起こった住民運動のうねりは、大資本とそれに追従した自治体機構に対して、日常生活環境を保持するための住民による反対行動である場合が多かった。地域社会は、そういう意味では、日常生活圏の環境的維持や整備をめぐって展開される住民自治の発揚の場でもあることになる。比喩的にいえば、大資本や自治体当局による＜上からの＞開発構想に対して、開発による生活環境悪化や地域資源の枯渇などを批判する住民側の＜下からの＞意思や運動とのダイナミックな衝突であったのである。今日でも、産廃処理場などをめぐって賛成と反対に地域世論が二分され、両者が対立している地域社会も多く存在する。このような意味で、地域社会とは、階級諸党派の政治的組織化が展開される空間であり続けている。

　地域社会とは、市民諸個人の生活諸行為を水路づけて、最終的には政治行政構造の維持や改変に連結させていく社会的メカニズムの総体である。したがって、個人の生活営為が家族・親族を経て最終的に政治行政構造に結びついていくその過程は、各地域社会ごとにおのおの独自なものがあり、これこそが地域社会の個性なのである。これが本質である限り、グローバル社会のもとにあっても、地域社会の存在理由がなくなることはない。

第2節　日本における地域社会の展開過程

　ここではまず、日本の地域社会における住民自治の歴史を振り返ってみようと思う。その作業のなかから、日本にあっても地域社会には、常に在地権力と住民（農民など）との対抗関係があり、ときには住民側が統制されたり、ときには逆に住民の権力が支配権力を統制したりしてきた事例があったことを確認したいと思う。

　ところで、地域社会が成立するための前提は、自明のことではあるが、人々が定住生活に入ることである。人々の生活が狩猟・採集に依存していたような時代にあっては、食料確保のために人々は定常的に移動生活を余儀なくされるから、定住生活には至っていなかったと考えられる。それに対して農耕生産の開始は、人々を定住生活に変えていった決定的な条件であったであろう。いうまでもなく農耕生産は、定められた一定範囲の大地に人間が能動的に働きかけて食料を生産する営みであるからして、本質的に一定地域での定住生活を前提にする。そして、散村から集村への移行に伴う農耕生産の発展は、いつしか生存のための最低必要量を定常的に上まわる生産量の実現に到達し、その余剰生産物の配分を介して相対的に富める者＝支配階級を成立させていった。最近の研究では、農耕生産が一般化する以前にあっても、特殊な条件下での漁業すなわち改良された漁網による社会的余剰の発生と漁獲量の運・不運による社会的格差の発生などによっても、初期的な階級と国家の発生が見られた、ともされている[4]。しかしともあれ、定住生活による地域社会の成立は、早々にして支配・権力者集団と被支配集団への亀裂を経験したのである。こうして地域社会は、それ以降、在地権力＝支配者集団と被支配・従属集団との角逐の歴史過程に入っていったのである。

4）大西広「北米東部先住民研究の史的唯物論的意味」（『日本の科学者』2004年10月号　日本科学者会議）など

日本における地域社会の展開過程を、支配と被支配の関係に着目しながら、その概略を追ってみたい。

古代律令制から中世の時代

　古代律令制の時代では[5]、税制の画一化とそれをもとにした全国の課丁（税の徴収）の数量化という中央集権的な財政運営が行われていた。具体的には、大帳により毎年課丁数が調査・報告され、調庸はそれに基づいて徴収されていた。地方政庁である国衙(こくが)の財政も、財政運営を記述した正税帳が毎年中央に提出されることで、中央政府の統制下にあった。律令制支配機構の衰退は、すでに8世紀末頃からはじまるが、しかし少なくとも、10世紀前半までは、口分田を良民一人一人ごとに勘定して一戸ごとに土地を支給する制度である、いわゆる班田収受制に基づいた個別人身支配システムが基本であった。

　ところが、10世紀後半になると、地方政庁の長官である受領(ずりょう)たちが、利益確保のために調庸を私物化する傾向が現れ、その結果、国家財政収入が顕著に減少していった。これらの過程は、歴史時代としては、9～10世紀の摂関期における出来事である。摂関期とは、藤原氏を中心に、王権との姻戚関係をもとにした摂関の地位の太政官機構からの分離と特権化が進み、摂関が権力中枢となっていた時期のことである。摂関は、一般の公家や律令制官僚から超越した立場に立つことで、受領の人事権を持つに至り、あわせて税収の落ち込みによる俸禄の減少に悩む律令制官僚たちを従属下に置いた。官人は、収益が確保されている摂関などの権門に私的に奉仕したりするようになったわけである。

　こうして、国家財政運営における受領の役割が大きくなり、大帳・正税帳制度の衰退のなかで、一方では、税収＝受領たちによる国家財政の私的運用

5）以下は、寺内浩「貴族政権と地方支配」（歴史学研究会・日本史研究会編『日本史講座3　中世の形成』東京大学出版会 2004年）の記述によった。

＝「私富」が進み、他方では、受領の「私富」の国家財政への投入という、「公私の別の不鮮明化」[6]（家産制＝オイコス）が進行していったのである。このようにして、受領による私物化によって荘園化し、次第に受領の郎等や武士が経営幹部となって実効支配を行う知行地化が進行していった。そして、こうした地域社会の基底には、中世に入って形成された惣村に見られるように、小農による自治の発展があったのである。

CD-ROM版『岩波日本史辞典』によれば、惣村とは、中世の村落の一形態で、百姓の家の自立を前提に、村落運営に百姓・地侍等の全員（家の代表）が参加する組織のことである。

惣村成立の背景には、山野や河川などの水利の共同利用、土地や池など惣有財産の成立、宮座などの共同祭祀、堂社の維持を行う一体性があり、それに即応して村落の自治の進展があった、とされている。さらに年貢減免や代官排斥の対領主闘争や近隣地域との境界争いなど、生業権益をめぐる闘いで村落が集中力を強め、村民統制の権力を持つに至るなかで成立したものである。村の持つ課題の性格によって地域・構成員に多様性があり、領主に対して年貢を請負う村請（百姓請）を行うものや、家を単位とした村落独自の課税、一般的な治安維持から村落への裏切り処罰などの科刑も行った（自検断）。惣村の構成員となる資格には、屋敷の所持、一定年数以上の居住、村税・宮座運営費等の納入などがあり、運営は家長全員の寄合で合議され、地下掟という村法なども制定されたりした、とされている。

このように、惣村は、小経営主体である小農民や手工業者の地縁的な共同組織であり、これが荘園（有力公家の私有地）とは異なった、後に一般的な町や村となって確立していく地域社会の母体を形成したのである[7]。惣村は、人と土地との即時的融合のなかから成立した共同組織として、在地権力の支

---

6) 寺内浩　前掲書　p.62
7) 吉田伸之「総論　地域把握の方法」（歴史学研究会編『現代歴史学の成果と課題　1980－2000年Ⅱ　国家像・社会像の変貌』青木書店　2003年）p.201

配の対象であるとともに、ときには支配権力に対する抵抗を生み出していく住民自治の母体でもあったのである。

近世初頭の村

　17 世紀における農業生産力の飛躍的発展は、特にこの世紀の後半が温暖期であったこともあって促進され、水利灌漑では耕地（新田）開発やため池造成、木綿作の普及、牛の飼育と厩肥(きゅうひ)使用などが一般化した、とされている[8]。こうして、多肥多労働投下、集約化、深耕、土地改良を特色とする小農農法が確立し、「1600 年頃には 1227 万人、1851 万石だった全国の人口と総石高が、1700 年頃には 3128 万人、2580 万石へと急増し、各地に新田村が成立した」[9] ことで農村社会の経済的発展が進んでいった。また、検地によって村の土地の実態解明が進むと、社会関係面でも、村ごとに課される年貢を村内で徴収する方式である村請も次第に変化していった。すなわち、庄屋個人請から集団請（村での相談方式）への転換が進み、17 世紀後半には、小農自立の促進や「走り」[10] の沈静化を背景にして、村請制が全国的・体制的に成立していった。それに伴って、「走り」を受け入れ新田開発を行っていく＜開放的な村＞から＜閉鎖的な村＞に変化していったようである（不満の「走り」から「訴」への変化でもある）。

　一方、江戸幕府開闢による戦乱の終息は、兵農分離として語られているように、戦国期において村の警護などで大きな役割を発揮していた侍・武士層の経済的・政治的地位の低下（郷士＝地士や百姓身分化）をもたらし、その分、村内の平準化をもたらした。また、兵農分離とあわせて商農分離も進んでいき、相当数の非農業的要素を持っていた惣村は、統一政権成立の過程で、そ

---

[8] 渡辺尚志「村の世界」（歴史学研究会・日本史研究会編『日本史講座 5　近世の形成』東京大学出版会 2004 年）の記述によった。
[9] 渡辺尚志　前掲書　p.171
[10] 納税義務を負った村落共同体からの農民の逃亡のことであり、その実態は宮崎克則『逃げる百姓、追う大名―江戸の農民獲得合戦―』（中公新書 2002 年）に詳しい。

の非農業的・都市的要素が都市へと分離していき、都市と農村という地域社会の基本類型が成立していったのである。これにあわせて、村の領域確定である、いわゆる「村切り」も、侍層の居住する集落を中核にして宗教的・商業的な中心機能の集積が進められることで、村請制村づくりが進行していった。

近世の町衆(ちょうしゅう)

近世初頭の都市における地域自治という点では、京都の事例が大いに参考になる。

まず、豊臣秀吉の時代から近世初期にかけての京の「町」についてまとめておきたい[11]。

「冷泉町記録」(二条室町)によれば、文禄年間(1592-6年)における住民の居住歴は、古参の人でも3代前程度であり、相次ぐ戦乱で安住できない時期が長かったことがうかがえる。そのため、冷泉町では、1588(天正16)年に「一家うりかい定之事」を定め、地域の団結を維持することで戦乱から「町」の防衛を図っていた。すなわち、①武家の奉公人や未知の者には町家を売却しないこと、②違反者には「町」から過銭(罰金)30貫文が課せられること、③「町」の宿老衆が承認した売却であっても、売り主は「町」に礼金として1貫文を支払うこと、とされている。なお、「宿老」とは、16世紀はじめの頃より作られた「町組」と呼ばれる地域連帯組織の役職の一つである。

こうして、この時代すでに町家は、個人の所有物であるとともに、町の共有物とも考えられていて、個々の町家による共同体秩序の遵守が規範化されていたのである。であるから、町家の買い主も家買取料の10分の1を「分(ぶ)一銭(いちせん)」として「町」に支払うこと、および近隣への「見知られ料」の出費を義務づけられていた。その他にも町民は、烏帽子着(えぼしぎ)(成人式)・亭主成(ていしゅなり)(家督

---

11) 以下の記述は、CDI編『京都庶民生活史』(鹿島研究所出版会 1973年)によった。

相続)・女房取り(結婚式)などの通過儀礼の際には、祝儀銭(均一500文)の支払い義務が課せられていた。これらの収入からなる「町」財政からは、土木工事・人件費・遊興費などが支弁されて町民に還元されていたようだ。その模様については、「冷泉町では、町の釘貫(くぎぬき)・構(かまえ)、道路の整備・修復、町番人・町代の雇用などに(町財政が―筆者注―)使われている。冷泉町の大福帳には、これら町の支出が、溝石に使う白川石の代金、辻の溝の蓋板の代金、溝さらえの人足費などとともに逐一克明に記されている。町の住民は、この他、この銭で、春の花見、夏の藤見・蓮見、秋の紅葉見を催し、四季にちなんだ遊楽地へ繰り出した。冷泉町では、春の花見でも、毎年東寺・醍醐・鞍馬と場所を変えるなど趣向をこらして出向いている。また、この町の金銭は、芸能鑑賞にもあてられていた。冷泉町の大福帳には、手猿楽『とら屋能之時たたみ(畳)六畳かりちん(借賃)』壱貫弐百文や『四条にて女房能之時重箱入用』弐匁七分が記入されている。町による芸能の団体鑑賞である」[12] と記述されている。なお、釘貫・構とは、前者は警護のために町の入り口に設置された木戸のことであり、後者は戦火を免れるために住民が設置した砦を模した溝のことである。

また、町共同体の結束は、治安維持や火災対策などにも及んでおり、そうした過程のなかから地域自治の集団・規範・制度づくりが進展していったのであった。

たとえば、本能寺前町の「町掟」(1615〔元和元〕年)では、座頭、舞々、あを屋、さるかく(猿楽)、算置(さんおき)、石切、やくわんや(薬鑵屋)、うとん、こひき(木挽)、あふらや(油屋)など、「町」への経済的負担能力を欠くと当時考えられていた人々への家屋売却が禁止されている。さらに、1663(寛文3)年の長刀鉾町では、湯や、風呂屋、馬持、とりうり(取売)、すあい(牙儈)、人宿、人おき、打はくや(打箔屋)、うすもと、油屋、回屋、検校などが、同

---

12) CDI編　前掲書　pp.150-151

様の趣旨で売却禁止の対象になっている。逆に、歓迎された転入者は、問屋・両替屋・質屋・米屋・酒屋などの裕福な商人であった[13]。

というのも、「町」が江戸時代に負担していたものには、道路・溝・木戸の管理運営、町代や町用人の雇用費、火事の際の火消し人足、洪水の際の橋の補修など、広範にわたる分野があり、そのための財政支出が莫大であったからである。

周知のように、近世初頭の京都が形作られたのは、豊臣秀吉による御土居（おどい）の建設（1591〔天正19〕年）によってである[14]。御土居の建設は、聚楽第建設（屋敷替え）とあわせて計画されたものであり、京都を警護するために全部で10の出入り口を設けて、わずか2ヶ月で完成した。これによって鴨川の氾濫がやみ、また平安京の条坊制以来、二条通りを空閑地として上京と下京に完全に分かれていた京都の町割りは大きく変化し、新たに短冊形の町割りとなったのである。御土居の建設は、冷泉町の釘貫（くぎぬき）・構（かまえ）で見たように、それまでは各「町」単位に住民が自衛せざるを得なかった時代の終息（いわゆる環濠集落の終焉）であるとともに、秀吉のみが都市全体を守護することができる唯一の権力者であることを内外に誇示する営みでもあった。

そして、秀吉は洛中の地子銭（じしせん）を永代免除とすることで、京都を一大商業集積地としていくことを、彼の国家構想の中心に据えたのである。すなわち、検地によって徴収された米を治世のために貨幣に換えていく市場機能を京都に設置する構想であったのであろうし、後の家康とは異なる、信長から着想を引き継いだであろう商業資本の発達を根幹とした国家財政の調達という国家構想であったのであろう。

ところで、権力と町衆との関係という点では、京都町奉行が創設されるこ

---

13) CDI編　前掲書　p.203
14) 内田好昭「京都―近世都市京都と町家―」（赤坂憲雄ほか編『いくつもの日本2　あらたな歴史へ』岩波書店 2002年）、佛教大学編『京都の歴史3　町衆の躍動』（京都新聞出版センター1994年）などを参照。

とになった1669(寛文8)年までは、京都所司代の支配下に四座雑色と呼ばれた4人の半官半民の行政官が置かれていた。

辰(北東)の荻野氏・巽(南東)の松島氏・乾(北西)の五十嵐氏・坤(南西)の松村氏がそれであり、彼らが京都の警察権を掌握して、群衆の集まるさまざまな興行や火事取締などに当たっていた。そのもとに町代と呼ばれる各町の代表者が束ねられ、触書が致達されていた。

そうした過程を通じて、「町」が持っていた中世までの自治的要素は、織豊政権期から江戸時代はじめにかけて、当然のことながら次第に陰を薄め、所司代や奉行の行政業務に資するように町組は再編されていったのである。

京都町奉行の職務は、①京都町方の支配、②触の伝達・犯罪捜査・村方支配、③上方の寺社支配、④訴訟の決着などであった。その実質的な配下には、もともとは「町」の使用人でしかなかった町代が、以上の経緯のなかで次第に組み込まれていった。町代は、寛文年間(1661-73年)にはほぼすべての町組に置かれ、町触の伝達や町での事件の奉行所への伝達など、役所の行政補佐的性格を強めていった。そして次第に、役所関係の一切の仕事を引き受けたり世襲制となったりして、＜町組に対する支配者の立場＞に立つことにもなった。このような100年にも及ぶ町組(町衆)と町代とのあつれきは、京都を揺るがした大訴訟事件に発展したのである。

すなわち、1817(文化14)年にはじまる「町代改義一件」がそれである[15]。

図5-1 町代改義一件
出典) CDI編『京都庶民生活史』(鹿島研究所出版会 1973年) pp.308-309

事件の発端は、下古京（下京）の上艮(うしとら)町が町代の山本栄次の不届き＝専横について糾弾し、町代は「組町ニ隋身」（町衆に従属）する者であることを認めるように奉行所に訴え出たことであった。そして、町組側は「八組寄合」（八組連合）を組織して結束を高めた。他方、上下京町代の側は、自分たちは「御公用ヲ相務候身分」であり、町年寄への命令権を当然持つ身分であることを主張して、両者は全面対決した。その後、町組側には脱退者も出たが、新たに上古京（上京）も加わり、上古京12組と下古京5組が「絶命之心労」の末、町代の非を幕府に訴える運びとなった。

京都町衆の「下地(したじ)（本来）の京地」に戻したいという願いは、関東や諸大名にも聞こえ、結局幕府は、京都町組の勝利と裁定した（1818〔文政元〕年）。その結果、敗訴した上下京町代は、連名で上下古京の訴訟組に詫び状を出した、というのが顛末である。

それ以降は、①「町」の諸入用（諸経費）の算定と割り振りは年寄が行うこと、②「町」の家屋敷売買に町代は吟味（参加・口出しのこと）できないこと、③町年寄の交代には町代の干渉を受けないこと、④町代の給銀を町代が勝手に「御触」で集めてはいけないこと、⑤町代も町入用を支払うこと、などを決めた。また、町代の権限を最小限にして町組の自治を確保するために、上下京をそれぞれ統一する機関として「大仲」が設置され、町代は担当町組内の事務処理と役所との連絡役に止まり、かつての専横が許されないこととなったのであった。

歴史のなかから見えてくるもの

これまで、古代から近世初期までの地域社会のありようを簡単にスケッチしてきた。そのなかから何が確認できるかをまとめておきたい。

---

15) CDI編　前掲書　pp.309-311

(1) 本源的な地域社会（中世末期の16世紀まで）

　定住と格差の発生を前提にして、被支配者身分が生産・生活する上で作り出してきた諸集団・諸団体を、地域領主などの支配権力が統治して作り上げた秩序構造＝「領域」が、とりあえず地域社会であったといえよう。そしてそこでは、村落共同体に典型的に見られるように、人々と土地との自然史的な即時的融合が見られ、地域という限界内に人々の事実上の全生活行為が展開されていた。

　ウェーバー流にいえば、物理的強制による被支配者団体に対する統制秩序が一定の境界内に成立している場合である政治的共同態（アンシュタルト）が、日本古代律令制期における公地公民制（口分田）のもとで成立した。これはやがて摂関期を通じて、受領に忠勤を励む一族郎等・武士団などの行政幹部（家臣団）による物理的強制によって支配が行使されている場合である政治団体（フェラィン）の形成を日本中期に見ることになり、やがて近世になって、本格的なレンテ領域（知行地）を単位にしての地域社会類型が全国的に成立していった、といえよう。

　そして、各地域社会の末端には、対内的支配手段・対外的抵抗手段としての武力を少なくとも兵農分離までは所持していたり、さまざまな規範を制度化することで、農民の生活空間として存在していた惣村が多様な形態での地域自治を体現していたのである。

(2) 近世初期の農村と都市（16世紀末あたりまで）

　兵農分離と「村切り」（惣村の解体）によって、中世までの「武装した村落」（百姓と地侍）が再編され、農民の生活共同体である村落＝農村と村落から離れていった武士・町民からなる都市を基本型とした地域社会が作られた。

　そして、多くの村落では、在地領主が武士化せずに在地のままに留まって土豪層となり、村落における事実上のヘゲモニー主体として社会的権力を行使した地域支配形態ができあがり、百姓＝小農民の脆弱な生活共同体を支配する体制ができあがっていった。

(3) 近世末期の商業資本の発展と新しい地域

 18世紀後半になると、いわゆる豪農と称される富農が次第に成立していった。彼らの発生は、寄生的な村方地主であると同時に利貸しを中心とした金融資本の発生を意味している。このことは、貨幣や商品を媒介にした社会関係の＜磁場＞が、土地の領有を体制的基礎にした幕藩権力の限界内で、徐々に発展・展開していったことを示しており、家康が国家構想の基軸に置いたところの、土地と農耕生産という即時的共同体を根幹とする日本近世の社会体制に新たな矛盾が成熟していったのである。すなわち、村といった特定の広がりに限定されず、自由に浮動することを本性とする金融商業資本によって、市場要素（労働力・原料・生産点・市場など）の調達と連結が、在地社会を空間的に超えて展開されるようになり、そうした経済構造の変化に連動して、在地社会・地域社会に押し込められてきた社会関係がその限界を突破していく、という新たな社会構造が作り出されていった[16]。

 明治つまり近代以降においては、幕藩領主の領域が解体され、近代国家の均一的な領域支配によって都市や在地社会の諸構成体が一元把握されていった。その意味では、国家（シュタット）すなわち唯一国家官僚による物理的強制が合法的かつ実定法的に行使されている支配の時代を迎えた。

 しかし、それは、自立した自由な諸個人の結合として地域社会が作られたのではなく、在地社会においては寄生地主層が土地および小作農民への人格的支配者としての性格を保ち続けていたのであって、その限りでは、戦前期の地域社会は、近世とある種同じ構造的特質を維持していたのである。これが、いわゆる鈴木良のいう「天皇制的地域支配」（封建的・差別的な慣習を維持した地域構造）であった（鈴木良『水平社創立の研究』部落問題研究所 2005 年）。鈴木良の理解では、近代社会でありながらも隷属性という「前近代」を引きずって成立している戦前日本社会の特質は、その実、戦前だけのことではな

---

[16] 吉田伸之 前掲書 p.203

く、戦後社会にも継承されていった。

　鈴木榮太郎や有賀喜左右衛門などが主張した同族構造・講組構造に依拠した戦前日本の農村の名望家支配が、戦後の農地改革によって大きく崩壊した後の 1950 年代の戦後日本農村について、福武直は、農地改革が土地所有の変化（小作の自作化）ではあっても経営規模の拡大ではなかったことから、「下層農家にとって相対的に不利な公租公課や供出などを通じて、過小貧農を一層窮乏させ、大経営と小経営との差をますます大きくしている。村の社会は、このようにして、古い同族関係や親分子分関係を弱めながらも、より小規模な形で、上層農家と下層農家との依存関係を維持してきている。村の社会は、民主化の基盤をもちうるまでに変革はされなかったわけであり、その故に、部落の内部構造は、部落的強制からの解放を可能にするほどの変動はしなかったのである」[17] と観察していた。そして、「行政村の政治は、このような上層農家の利害を反映する部落の利害のバランスの上にたち、あるいはこのような部落を基盤とする派閥的対立の上に運営されている」[18] ことで、結局は、上層農家による支配を根幹とする部落の論理が、下層農家の経営拡大という階級的利害を覆い隠すことに、ひとまずは成功しているのだと結論していた。

　このような戦後日本農村のありさまも、その後の高度成長を通じて大きく変貌したことは、周知の事実である。ほとんど農業では生活ができないまでに、産業としての農業が衰退し、就業者に占める農業の割合も 4.4％に大きく落ち込んでいるのが、今日の状況である（2005 年国勢調査）。しかしながら、農業や農村人口の衰退が、指摘されている地域社会の「前近代性」をなくしていくことと、決して同じではない。戦後の日本社会が、自律した諸個人という単位から構成される生活空間を、真に創造してきているのかという大きな問題を私たちは引き継いでいるのである。この問題を考える際、参考にな

---

17) 福武直『福武直著作集第 5 巻　日本村落の社会構造』東京大学出版会 1976 年　p.61
18) 福武直　前掲書　p.65

る指摘の一つに、歴史家である網野善彦と廣末保との対談がある。廣末は、村落共同体や血縁・家族集団といった有縁の世界から切り離された、自由かつ自律した個人としての主体が次第に近世に入って発展し、そうした主体たちの生活空間として「公界(くがい)」(自律した諸個人の社会圏)を成立させようとするのだが、そうした自律した諸個人の公共圏としての「公界」の形成が、日本社会では、国家あるいは天皇の全的支配を示す「公」によって絡め取られ、結局、個人の主体性が全体社会規模での公共圏を形成することなく、狭い公的圏域である「世間」の形成で留まったのである、と語っている。近松門左衛門の芝居でも、諸個人が作り上げた身近な公共圏である「世間」の義理に悩む人物は登場しても、支配権力が作り上げて彼らに強制してきたお仕着せの「公」に悩む登場人物は出てこない、ということを傍証しながら、「『公』と『私』だけじゃなくて、『世間』という概念がその間にある」[19]と述べている。網野は、この発言に同意して、「公界の『公』には、そういう(天皇の―筆者―)『公』とは異質な自立的なものが明らかに入っていると私は思いますね。実際、天皇の『公』は庶民自体の関係そのものの中にある自立的な『公』を、ひっくり返し、吸収して成り立っているのです」[20]と語っている。「世間」の語の解釈は、主としてこれまでは、パブリックな性格を喪失したプライベートなものとして理解し、逆に「公」を全的公共性を持ったものとして、肯定的に理解することが多かったと思われるのだが、両者の対談は、そうした通念を「ひっくり返し」ているようで興味深い。市民的公共性に基づいた全体社会の公共性の実現という問題であり、熟考に値する課題であろう。

　廣末も述べていることだが、大衆的な自主的関係である「世間」が、支配的強制である「公」に対抗することの可能性を、節を改めて、戦後社会が経

---

19) 網野善彦『日本中世に何が起きたか―都市と宗教と「資本主義」―』(洋泉社新書 2006年) p.99
20) 網野善彦　前掲書　p.98

験してきた3つの地域振興思想を紹介しながら考察したい。

第3節　戦後日本の地域振興思想

　戦後社会に限っても、地域振興とかまちづくりという言葉を使っているか否かに拘わらず、国家主導の地域開発とは異なる地域独自の発展を目指す動きを尊重する思想はあった。その代表例として、松下圭一の「シビル・ミニマム論」、玉野井芳郎・清成忠男・樺山紘一らの「地域主義論」、宮本憲一らの「内発的発展論」を取り上げ、地域振興の主体像や開発・発展の考え方の違いを整理して、これからの地域振興論の主体や実践的・理論的課題を考えてみたい。

　いずれも周知のものであるので紙幅の関係もあり詳細は省き、基本的な主張をまとめることで個性を浮かび上がらせたい。整理のポイントは、「時代」（「時期」「開発理念」）「専門分野」「主体の設定」「思想の特徴」などである[21]。

　これらの作業を通じて、地域社会が人々の生活にとって持つ意味の大きさが、歴史貫通的にもまた同時代的にも確認されるようになったこと、そして、国家主導の地域開発によらずとも、地域住民が主導する地域振興の実践とそれを支える思想的基盤の成熟が見られるのが今日であることを主張することで、前述した地域社会の住民たちによる自主的生活空間としての再生の現実を発見したいと思う。

---

21) それぞれの代表的な著作のみをあげておく。松下圭一『シビル・ミニマムの思想』（東京大学出版会 1971年）、『都市政策を考える』（岩波新書 1971年）、『市民自治の憲法理論』（岩波新書 1975年）、『都市型社会の自治』（日本評論社 1987年）、清成忠男『地域主義の時代』（東洋経済新報社 1978年）、『地域自立への挑戦』（東洋経済新報社 1981年）、玉野井芳郎『地域分権の思想』（東洋経済新報社 1977年）、樺山紘一『「地域」からの発想』（日本経済新聞社 1979年）、宮本憲一・横田茂・中村剛治郎編『地域経済学』（有斐閣 1990年）、保母武彦『内発的発展論と日本の農山村』（岩波書店 1996年）、宮本憲一『都市政策の思想と現実』（有斐閣 1999年）、『日本社会の可能性―持続可能な社会へ―』（岩波書店 2000年）など。

シビル・ミニマム論

　シビル・ミニマム論は、1970年代に松下圭一が行政法学の立場から発言した、自治体改革のための提言であった。この時代は、高度成長が日本社会の脱・戦前と超・近代化を同時進行させ、新全国総合開発計画（二全総）(1969年) による大規模開発が、日本の戦後社会に本格的な都市型社会を作り出した。その反面では、高度成長の行き詰まりが、都市問題・公害問題として表出し、劣悪な都市生活環境への対抗運動として、住民運動が生起していた時期であった。

　松下は、こうした戦後日本社会の現実のなかから、憲法規範を内面化した戦後型の新しい「市民」が地域社会の主人公として成熟しつつある萌芽を読み取り[22]、こうした戦後型「市民」が主導する欧米型デモクラシー社会を日本に定立させようと思索したのであった。

　したがって、松下が構想する地域社会の建設主体とは、自律した市民に他ならず、周知のように、そうした自律した市民による都市型自治の確立を多面的に提唱したのである。都市型市民自治の確立のためには、自治体は、政策公準（シビル・ミニマム）を明確にして、社会保障（生存権）・社会資本（共用権）・社会保険（公衆衛生・公害防止などの環境権）を市民に対して保障しなければならないと主張した。

　松下のシビル・ミニマム論は、単なる学説の主張の域を超えて、当時の革新自治体の諸政策に採り入れられたことが大きな特徴である。よくいわれるように、美濃部革新都政の行政施策がその例であり、1967年に美濃部都政が発足するや、1968年の東京都中期計画にシビル・ミニマム計画として、消防署・歩道・横断歩道橋・重症心身障害児施設・ナーシングホーム（特別

---

22) 松下圭一『市民自治の憲法理論』（岩波新書 1975年）pp.2-3 には、「批判と参画という両極を内包しつつ、新しい都市型生活様式の創造……市民による民主主義ないし政治の新しい可能性の追求こそを課題としている……とくに、ここで、市民運動の台頭は、共和意識をもった市民的人間型の、日本史における最初の歴史的形成を意味している」と述べられている。

養護老人ホーム)・上下水道・清掃・地下鉄などの建設・設置が具体的指数として公表され、これらのシビル・ミニマムが遅滞なく行われるための市民参加が、知事と都民との直接対話集会や市民公聴会などを通じて展開された。

　このような松下の思想は、松下自身が述べているように、イギリスのフェビアン主義が主張した都市社会主義に近い理論的体質を持っていた。そのせいか、どちらかというと都市重視・農村軽視の傾向が見受けられる(全般的都市化による都市的生活様式の全国化・一般化・標準化という認識ではあろうが)。シビル・ミニマムは、いうまでもなくフェビアンのナショナル・ミニマムからの着想ではあるが、松下はそれをさらに拡張してインターナショナル・ミニマムを指向したところにもその独創性は明らかである。

　シビル・ミニマム論に対しては、さまざまな批判が加えられたが、とりわけマルクス主義の立場からの批判が相次いだ。それらの批判の底流にあるのは、階級ではなく市民が変革主体として想定されているという市民主義への批判、またシビル・ミニマムの展開を保障するための財政や関連する産業政策の欠如を指摘するものであった。行政法学者に財政政策や産業政策を求めるのも酷ではあるが、松下自身は、シビル・ミニマムが確固たる行財政的基盤の裏付けを必要とすることは、十分承知していた。松下は、都市改造・農村改造を行う産業政策のためにも、地域生産力(＝自治体行財政力)の増強を、自治体改革(自治権拡大・市民生活を保障できる地方財源・自治体機構の官治的要素の改革)を通じて行う必要性を強く主張していたのである。

地域主義論

　1970年代後半から80年代の初頭にかけて、「ムラおこし」や「地方の時代」を呼びかけた、いわゆる地域主義は、主として玉野井芳郎・清成忠男・樺山紘一などによる経済(史)・西洋史学の立場からの、地域発展を鼓舞する一連の発言であった。多方面にわたる発言のなかでも、彼らの主張に共通するものは、高度成長がもたらしたさまざまな歪みを、とりわけ自然界と人間

界との調和の喪失という点から総括し、「経済と環境との調和」を重視した地域づくりを提唱したのである。

　時代的にも、そして内容的にも、第3次全国総合開発計画（三全総）（1977年）の生活圏構想と合致するものとなり、「ムラおこし」「地方の時代」の呼びかけのもとに、「一村一品」運動が標語化されて全国的にも展開された。地域づくりの主体として想定されたのは、中央や都市に対抗する地方や農民であり、彼らの生活に根付いたポテンシャリティが新しい地平を切り開くものとして強調され、第1次産業を中心にした地場産業振興による地域社会づくりが呼びかけられたのである。これは、高度成長を通じて中央・都市と地方・農村との格差が拡大して、後者の疲弊が過疎として明らかになるなかで、地方振興策を模索していた自治体当局者たちの意向とも一致することで、自治体行政からの地方振興呼びかけ運動としても展開された（当時は平松守彦大分県政が著名であった）。

　地域主義論の思想的特徴としてあげられるのは、西洋史学での中世自治都市に典型的に見られるような市民自治（＝相互扶助を誓約し合った商人・手工業者たちのコミューン）のポテンシャルに同調し、それを工業重視の近代産業社会に対置させることであり、農村重視・環境重視のエコロジカルな地方社会づくりを現代社会に対するオールタナティブな道の提案として結実させようとすることであった[23]。であるからして、地方社会・地域社会・地域自治の人類史における本源的・歴史貫通的な意義が、いろいろな角度から強調されてもいたのである。そのなかから強調されてきた、第1次産業を主産業とし

---

23) 樺山紘一『「地域」からの発想』（日本経済新聞社 1979年）では、科学性とイデオロギー性から成り立つ近代社会科学が排除してきた未来への構想力＝ユートピア性の復権を論じ、「イデオロギーと科学の極軸の立場から、歴史とユートピアの極軸の立場への変換」（p.6）を考えるに当たって、実際的な事例として「地域」を取り上げて考える、と述べている。なぜ地域なのかについては、近代社会科学では国家・社会といった巨大な統合社会が分析の対象となり、地域が等閑視されてきたこと、地域とは歴史の産物に他ならず、過去の重積性と現在の偶発性とこれからの未来性との複合存在であること、地域は身近な人間的営為の産物であるからして、営為に込められた人間のユートピアが表出する舞台であること、をあげている。

た地域社会が本源的に持っているとされたホーリズム Wholism（人間と自然との調和）や中間技術（Schumacher が述べた先端技術と土着技術の中間）などへの着目とそれらの現代的再生への主張は、次の時代の内発的発展論にも批判的に継承されていったといえる[24]。

内発的発展論

　内発的発展論は、宮本憲一・保母武彦らによる財政学・地域経済学からの発言であり、1990年代に入って一般に注目されるようになった。この時代は、直接今日につながるような、戦後産業社会が完全に行き詰まりを深めていき、代替的な産業政策を国が提起できずに推移してきていて、第4次全国総合開発計画（四全総）(1987年)では、安定成長・多極分散（実態は大都市集中）・都市間ネットワークなどが主張された時代である。言葉を変えれば、中央主導の地域開発政策が、もはや地域発展のための不可欠な決め手ではないと考えられるようになり、国が行う公共事業と補助金行政による地域政治構造の維持が、それらに対する批判の高まりとともに困難になってしまった時代である。

　21世紀の国土のグランドデザイン―地域の自立の促進と美しい国土の創造―（五全総）(1998年)以降は、次第に「地方分権」の掛け声が高まり、地域社会・地方自治に対する中央政府の公的責任が、地方交付税の縮減や権限委譲などに見られるように、政策的にも明らかに後退させられた。その分、地方自治体の地域社会に関わる管理運営事項は、自治体の自責・自助に委ねられることになり、自治体や地域社会は、自律と相互の競争を強制されるようにもなった。こうした状況の変化は、大きく見れば、地域社会が国家の統制

---

[24] 最近の一つのまとめとして、「地域経済は自立した有機的な経済単位ではなく、国民経済の一分業単位だとされる考え方を逆転させたところに地域主義は生まれている。それは比重をどこに置くかの違いであるかもしれない。しかし、そこにこそ、地域主義の方法論としての、評価されるべき独自性があったというべきであろう」という指摘もある（吉田春生『観光と地域社会』ミネルヴァ書房 2006年、p.136）。

から相対的に「自由」になったということでもあった。1990年代以降に急速に進行した、このような客観的条件の変化のなかで、中央に依存しない自律した地域社会の確立を指向する主体的条件の成熟も進み、内発的発展論は、脱工業・サービス経済化・国際金融時代の到来という新しい状況を迎えるなかで、地域に内在する歴史的文化的地域資源の有効活用や地方からの発信力の強化、農工両全の循環型地域社会づくりなどの課題を実現できるようなまちづくりの必要性を主張していった。

内発的発展論がまちづくりの主体として想定しているのは、市民や農民といった個別主体であるよりも、むしろ地域社会の居住者たちが、まちづくり運動のなかでつくり出すであろう居住者たちのトータルな社会関係づくり（「社会関係資本」）に力点があるように見受けられる。また、自治体改革についても、松下の理論的指摘（原理的には市民諸個人を出発点に置きながらも、実際の展開は自治体首長主導となっていたという時代制約性）を一層具体的に解明して、首長・地方議会・自治体機構・地域自治組織・地域住民などの関連性を民主的（生活地）自治体づくりとして主張するようにもなってきた。

内発的発展論が目指すまちづくりの思想的特徴は、これまでの地域開発による発展路線を外来誘致型発展として批判したところにある。大手外部資本による地域資源（労働力・産業素材・地場産業）の乱奪と、それがもたらした地域の疲弊（過疎や地域文化の衰退）を解消するために、内発的発展論は、環境限界内の産業育成（持続的発展論）と地域内産業連関の構築（農工連関）を提唱した。外部資本による地域資源の乱奪の第1は、資本の経営戦略如何で自由に編成されたり変更させられたりする労働力すなわち人的資源である。特定の質を持った労働力が集中的に利用・雇用されることで、地域産業総体における労働力配置にアンバランスが生じたり、労働力の地域外移動（出向・単身赴任など）が起こったりすることで、個別労働者の生活の再生産の舞台である家族や地域社会にも生活障碍が発生したりする。乱奪の第2は、原料・産業素材として使用される水・大気・地下資源・中間生産品などの特定の資

源が、外部資本によって専ら使用されることで専有が生じ、その結果、地場産業の生産能力を狭めたり、自然界との物質代謝を攪乱したりすることである。つまり、地場産業が永い年月をかけてつくり上げてきた地域内産業連関や自然地理的な限界内で成立した風土ともいうべき環境連関を損なったりすることである。乱奪の第3は、これらを通じて、地域社会が地域色豊かに育んできた労働・生活過程の一定のパターンが資本主導で変容させられることである。たとえば、労働力移動によって、壮年層を主体とした基幹労働力層が不在となったりすることで地域社会全体の介護力や相互扶助力を弱めさせたり、地域内産業連関が結果的にあわせ持っていた地域社会の人的ネットワークといった地域の社会関係が衰退することである。そうした意味で、人口動態に限定されない地域社会総体の社会関係的な過疎化が進行したのである。

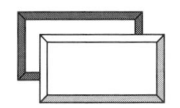

第 6 章

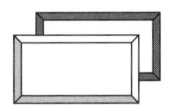

生活研究と社会学

第1節　生活とは何か？

　社会科学は、人間の営む生活が、物質的にも社会関係的にも豊かであるような社会の状態を理想として、その実現のための方法を明らかにすることを目的にしている。しかしながら、人類が経験してきたこれまでの社会は、こうした理想的な状態を実現した試しはない。このことからも、人間たるにふさわしい境遇の実現を目指す生存権保障の理念は、依然として今日の課題であり続けている。生存権保障の理念とは、本来、誰に対しても社会参加の道が平等に保障されている社会環境を整備していくというものであるから、生活を成り立たせている物質的諸条件の整備だけでなく、人間諸個人が日々組み込まれている社会関係の豊かな構築も含んでいる。最近の言葉でいえば、社会的排除のない状態の実現などが、その事例になろう。ホームレス、フリーター、引きこもりなど、そうなった個々の誘因は異なるであろうが、社会参加の点では相対的に劣悪な条件下にあるのが、こうした人々である。このような人々に対する社会的排除の克服すなわち劣等処遇を当然視する社会状態を改善し、社会の主人公の一人として彼らを受容し、他の人々とともに社会参加できる状態を実現することが現代的な課題となっている。そういう意味では、生活とは、人間の生き様そのものであるから、生活の物質的条件と社会関係的側面をトータルに研究できることが生活研究においては望ましいことになる。そうはいっても、これまでの社会科学における生活へのアプ

ローチは、生活の物質的諸条件に関する研究が主流であった。何よりもまず、生活そのものは、当然、一定の経済的基盤に支えられて成立するし、経済的基盤そのものが大きな格差を含んできたのが、これまでの社会であったわけであるから、生活研究が生活の物質的諸条件に関する研究すなわち貧困研究になるのは、やむを得ないことであった。

　日本の戦後社会においても、敗戦直後の復興期における「欠乏の時代」だけが貧困な社会状態であったわけではなく、高度成長期を通じた物質的な生活水準の向上によって築かれた今日の社会もまた貧困の問題を抱えている。政府の予測を遙かに超えて急速に進展した少子・高齢化は、国立社会保障・人口問題研究所の予測(『日本の将来推計人口』平成18年)によれば、人口に占める65歳以上の比率である高齢化率は、2030年に31.8％、2055年には40.5％に達するとしている。社会全体が「青年期」にあるときには高齢化率は低く、高齢化率が高まるのは社会全体が死滅に向かう「壮年期・老齢期」への入り口であるともいう(芹沢俊介)。いずれにしても、あと10年余で高齢者が人口の3割を占めるという、日本の歴史はじまって以来の社会状態が出現するのである。平成の市町村合併によって財政基盤の弱い市町村はますます疲弊し、65歳以上人口が住民の過半数を超えた「限界集落」(大野晃)となっている過疎指定市町村数も倍増している。合併で周辺地域が切り捨てられ行政サービスが低下するなかで、転出者の増大による税収の減少、高齢者を中心とした福祉ニーズの増大、なお一層の転出加速という悪循環がはじまっている。人口の3分の1を占める高齢者が、コミュニティの崩壊のなかで生活できなくなっている社会が、正常な社会であるとはいえない。

　高齢者生活保護世帯の低位な生活水準、生活保護受給世帯数を縮減させようとする国の指導方針のもとで発生する餓死、そして生活保護世帯の生活水準をも下回るワーキングプアの存在など、物質的貧困のみならず「孤独死」に現れる社会関係における貧困が放置されているのが現状である。

　こうした物質的あるいは社会関係的側面をも含む貧困生活問題に対して、

これまでの社会はどのような対策をこうじてきたのか、そして社会学は貧困生活問題に対して、どのようにアプローチしてきたのか、をこの章では検討する。

第2節 生活困難者への対応の歴史

前述のように、いつの時代にもどんな社会にも、生活困難＝貧困の問題は、物質的側面および社会関係的側面ともども発生してきた。これらの問題に対しての社会の側の取り組みを、資本制生産が最も早く定着していったイギリスを中心にまとめてみる[1]。

産業資本主義が確立する以前の時代

ヨーロッパでは、資本主義的発展が先行したイギリスに見られるように、マナー（荘園）の解体による農民の土地からの分離、時代遅れになった封建家臣団や修道院・教会の解体と解散、さらにはチューダー朝（1485-1603年）の第1次エンクロージャーによって展開された小農民に対する共有地からの締め出しなどによって、浮浪者化した無産貧民が農村から排出され、都市に流入していった。

そこで都市では、①浮浪の禁止と労働の強制、②貧民の救済という二面性を持った対策がさまざまに実施されてきた。たとえばイギリスでは、1349年に労働者条例すなわち労働者規制法 Statute of Labours によって、ペストによる労働力枯渇に対して浮浪の禁止つまり就労の強制、しかしながら公権力による超えてはならない最高賃金の設定が成された。また、1495年には浮浪者乞食防止条例が制定され、健康な浮浪者に対する投獄・奴隷化・耳そ

1）樫原朗『イギリス社会保障の史的研究Ⅰ 救貧法の成立から国民保険の実施まで』（法律文化社 1973年）、土穴文人『社会政策立法史研究』（啓文社 1982年）、岸勇著 野本三吉編『公的扶助の戦後史』（明石書店 2001年）などを参照。

ぎ・烙印と強制労働などが展開された。こうした過程を通じて、次第に、「労働能力のある貧民」には＜抑圧と就労＞を、「労働能力のない貧民」には＜救済＞というように、区別した対策が展開されるようになった。たとえば、1563 年には、救貧法 Act for the Relief of the Poor が制定されて、貧民救済のための資源調達として資産者への課税がなされるようになり、他方で、徒弟条例 Statute of Apprentices によって、健康貧民への 7 年間徒弟制が強制されるようになり、いわゆる救貧法制が整っていったのである。

　本格的な資本主義成立以前における救貧法制の集大成が、エリザベス救貧法 Poor Law（1601 年）である。そこでは、①両親が扶養力を欠く場合、子どもは徒弟に出され、男子は 24 歳、女子は 21 歳または結婚まで就労が強制された。こうして、②労働能力のある貧民には就業が強制され、逆らえば投獄されもしたのである。③教会の地域割りである教区 Parish は、労働能力のある貧民に雇用を提供して、原材料を支給する義務を負ったし、④労働能力のない貧民には、生活扶助または救貧院 Alms house に収容してケアを行った。英語でいう on the Parish は、救貧法の適用を受けているという意味である。このように、エリザベス救貧法は、就労強制、治安対策、救貧行政などの、良くいえば総合的、悪くいえば貧困対策としては未分化な性格のものであった、といえるであろう。Poor Law を慣例的に救貧法と翻訳すると、救貧行政の側面が強調されることになるが、その実態は就労強制と治安対策を含むのであるから、誤解を避けるためには貧困法と直訳すべきである[2]。

　この後、次第に、貧民対策は、資本のための労働力対策に変質していき、1662 年には、定住法 Law of Settlement and Removal が制定されて、救貧法のもとで保護を受ける貧民に対する移動制限がなされるようになり、1712 年には恒久法となった。また、1722 年には、労役場法（提案者である Sir E.

---

[2] 救貧法と訳された経緯は、残念ながら判明しない。

Knatchbull の名を取ってナッチブル法ともいう）が制定され、教区委員による労働を伴った救貧場 work house が設置されたりしていった。

18 世紀以降の第 2 次エンクロージャーと産業革命の時代

　イギリスは、産業革命（1780-1830 年代）を経過して本格的な資本主義の時代を迎え、資本主義下での新たな貧民の大量発生という、資本制生産における不可避の貧困発生回路が付け加わることになった。

　1782 年には、ギルバート法が制定され、①労働無能力者のプアハウスでの扶養、②怠惰者への懲罰、③求職者への貧民委員による教区内での就労斡旋などが展開され、1795 年には、一時期実施された地域の名を採ってスピーナムランド制度 Speenhamland System と呼ばれた賃金補助制度 Allowance System が実施され、一定以下の生計費でしかない場合には、救貧税から生活扶助費を支給するという公的な性格を持った生活扶助制度が開始されたが、賃金補助制度を見越した低賃金の支払いが横行するなどの混乱が生じたのであった。

　他方で、生活を成り立たせる基盤である就労に関する取り組みが、工場法の制定（1802 年）によって開始されていった。この時代の貧困発生の根本問題は、長時間・低賃金労働を規制する諸法規が、一切存在しないことにあった。このような原生的な労働関係を原因にして、産業革命期の貧困は、工場労働者に集中的に大量発生していくことになった。工場法は、労働力を使い捨てできる消耗品として酷使している労働現場の改善を目指したが、その歩みは約 100 年に及ぶ重要ではあるが緩慢な動きであったことから、救貧法制の矛盾は一層拡大した。つまり、①市民から徴収された救貧税を財源に、②教区独自に貧民行政を行う、というやり方が、救済すべき貧民の大量発生の前に限界に達したのである。

　そこで、イギリス政府は、1832 年に王立救貧法委員会 Royal Poor Law Comission を設立して、救貧法制の再検討に着手した。国民的関心も高く、

ペイリー、ベンサム、マルサスなどが、救貧法をめぐって議論を戦わせた。イギリス国教会のペイリーは、幸福追求権は貧民を含めた市民の権利であり、あまりにも広がりすぎた格差は神の教えに反するとして、救貧法擁護論を唱えた。ベンサムは、持論の功利主義の立場から、一般的な貧困と深刻な窮乏とに区分けして、前者には、就労斡旋を行って救貧法の対象から外すこと、後者にはミニマム・レベルの救貧法適用を唱えることで、対象と施策の限定による救貧法全体の「効率的」運用を説いた。マルサスは、自著である『人口論』の立場を貫き、救貧法発動は死滅の回避であるから人口抑制には決してならず、結果、食料生産量を上回る人口が発生することで、貧困は絶えず発生するとして、救貧法の廃止を説いた[3]。

　これらの議論を経てイギリスでは、①自律と就労の強制、②救貧適格者の削減、③賃金補助制度のような人道主義の撤廃などを骨子とした新救貧法（1834年）が成立し、総じて①均等処遇の原則（その内実は貧困に対する最低のサービス供給という画一的対応）、②劣等処遇の原則（不適確劣等市民としてのスティグマ＝烙印ありの処遇）、③労役場制度（国家による統一的施策の展開として行政組織やWork Houseの整備）が整っていった。貧困問題に対する自由放任・効率行政の勝利であった、といえよう。

19世紀末から20世紀初頭の救貧法制からの脱却と近代的社会保障への道

　イギリスは、1873年の「大不況」から1890年代の「世界不況期」にかけて、今日的な資本主義の段階つまり軽工業から重工業への移行、株式会社の普遍的普及、金融資本の形成、労働組合の発達（クラフト・ユニオンからゼネラル・ユニオンへの発展）などが進行し、新救貧法体制ではとても対応できない時代になった。対応できなくなったということの要点は、たとえば、①貧困の大量発生を迎えて、現実に発生してしまった貧困への対策である「救貧」

---

[3] 渡会勝義「古典派経済学と貧困問題」（西沢保・服部正治・栗田啓子編『経済政策思想史』有斐閣 1999年）

だけでなく、前もって貧困の発生を抑制し得る「防貧」の必要性が出てきたこと、②救貧法の適用を受けている貧民は、自律能力を欠いた人であり、いわば「半人前の市民」でしかないから「一人前の市民」として遇する必要はなく劣等処遇が当然である、という考え方への疑問が、貧困者の大量発生を眼前にして生まれていったこと、③工場法の対象は就労する労働者だが、それだけでなく家庭婦人や高齢者・子どもなどへの施策の展開が、貧困対策としては必要であると見なされるようになったこと、などにまとめることができる。

こうして、工場法の系譜をたどってみると、1908年の炭鉱規制法で労働時間8時間制が成立し、1911年の炭鉱法で、土曜日の14時以後と日曜日の労働に対する禁止が加わり、立法主旨の点でも、従来型の労働弱者保護から公正労働基準 Fair Labour Standard への転換がなされた。新救貧法の系譜においても、大不況下で発生した大量失業・貧困問題に対して救貧法制では対応不可能な事態となり、1905年には救貧法王立委員会が設置されて、救貧法制の解体と国民全体を対象にした公的施策の設立が企図されることになった。

その結果、1909年には老齢年金法によって、ミーンズ・テスト（資産調査）をパスした70歳以上の高齢者に、全額国庫支出による年金が所得に応じて支給されることになった。給付水準の点では、救貧法とさして変わらないとはいえ、スティグマなしの国民の権利として成立したこと、また公的な扶助制度への転換を通じて、救貧法の実質的な解体への突破口となったのであった。次いで成立した1911年の国民保険法は、企業側と労働者側からの強制的掛け金徴収すなわち拠出制による社会保険の成立を意味しており、内容上は健康保険と失業保険を合体させたものであった。

まとめれば、老齢年金法（無拠出制）が救貧法制解体・脱却への突破口となって、健康保険と失業保険を合体させたような国民保険法の成立に結びつき、ここに実態として救貧法制は解体され、ナショナル・ミニマムつまり国

民全体を対象にする権利（人権保障）としての近代的制度（スティグマなし）として固有の意味での社会保障がスタートしたのである。

第3節　貧困対策の3領域

　イギリスに見られる近代的社会保障への道をたどってきたが、近代的な人権保障としての社会保障は、各国で現実につくられて存在している諸制度の成り立ち・仕組み・役割は実に多様であり、詳述する余裕はないので、「純」理論的もしくは原理的に貧困対策の領域を整理することにする。

　まずはじめに、領域を整理すると、社会政策、社会保障、社会福祉に分けられる。それぞれの基本的な性格を、たとえば日本の制度を念頭に整理してみる。社会政策とは、国家による直接的な労働力保全のための施策や立法のことを意味し、法律としては、労働3法である1946年の労働関係調整法、1947年の労働基準法、1949年の労働組合法が該当する。社会政策は、労働者を消耗品として扱うような劣悪な労働条件や労働環境が、働く労働者自身の健康破壊に直結し、ひいてはその家族の貧困を惹起することから、良好な労働条件の確保が、労働者およびその家族の生活の安定のためには、まず第1に必要であるとする考え方である。近代社会では、国民の生活の基盤は、社会的就労によって手にする賃金であり、したがって、歴史的にも他の領域に比して最もはじめに制度が創られてきたのが、この社会政策の領域である。

　他の領域と比較すれば、自ずからその特徴は、発動される具体的場面が就労現場もしくは労働時間帯であり、保護の対象が、働く労働者であって、就労していない子どもや主婦や高齢者ではないことに気づくであろう。また、保護の手法は、労働時間や賃金などに対する法的規制であったり、就労による健康破壊や労働災害・職業病に対する給付金などの貨幣給付を通じて、問題の発生に対処しているのである。

　それに対して、社会保障とは、労働者に限定されない国民一般を対象にし

た、無拠出制による公的扶助や拠出制による社会保険などのことである。共通しているのは、就労場面以外での貧困対策ということである。無拠出による公的扶助の典型は、日本では生活保護法（1950年）であり、社会政策とは異なって発動される場面は、労働時間を離れた家庭生活時間帯で発生する生活リスクである。したがって、その対象となるのは、労働者も含めた主婦・高齢者・児童・障害者などの家族単位に対する貨幣給付となる。他方で、拠出の社会保険は、健康保険法、雇用保険法、国民年金法などによる、国民一般を対象にした生活リスクへの貨幣給付を行う制度である。掛け金を支払うか、そうでないかの違いはあれども、労働場面以外で発生する貧困に対して生活資金を給付するという貨幣的対応の諸制度であることを共通にしていることが理解される。労働者のみならず家族構成員全員の最低生活保障のための諸制度であるといえる。おおむね、諸外国でもこの種の社会保障は、前述した社会政策の成立を受けて、その後に成立したものであり、20世紀に入ってからのことである。

　したがって、一番最後に成立したと理解できるのが、社会福祉の領域である。社会福祉とは、近年に至って社会保障とは区別されて呼称されるようになった、各種の人的サービス活動を総称している領域である。社会政策や社会保障が、主として法的規制や貨幣給付の手法によって貧困発生に対処するのに対して、社会福祉は、各種の専門的ノウハウを持ったケースワーカーや社会福祉士やホームヘルパーあるいはボランティアの一般市民などが、クライエントの必要に応じて（非）専門的サービスを提供する領域である。最近では、介護保険法により展開されている訪問介護やショートステイやデイサービスの場面を想定すれば、対応の手法が非貨幣的サービスの提供であることが理解される。したがって、対象となっているのも、家庭生活場面における労働者をはじめとする女性・高齢者・児童・障害者などの国民一般である。

　これまでは日本でも、社会保障と社会福祉は、それほど峻別されてきたわ

けではなかった。社会保障の代表である生活保護制度を見ても、貨幣給付だけでなくケースワーカーによる生活指導などの専門的サービス活動が伴っているのが現実の姿であったので、支配学説であった宮沢俊義なども「社会保障・社会福祉」というように一体のものとしてとらえてきたのである。1980年代以降になって、貨幣給付が主流である社会保障だけでは対応できない独自の領域として非貨幣的給付である各種のサービス活動の領域が、社会福祉として自立してきたと理解することができる。当然のことながら、これら3領域は、現代社会においてどれも国民生活の安定のためには必要欠くべからざる領域であることから、どれが最も重要かという議論はなじまない。生活そのものが物質的側面からのみ構成されているのではなく、社会関係的側面も普段に含まれているのであるから、3領域にわたる統一的な発達が必要であることになるからである。

　その点では、日本の現状は、どうなっているのであろうか。政府政策の基本的姿勢は、「福祉国家」見直しと自立・自助の強制であろう。先進各国に比すれば、そもそも日本で「福祉国家」が成立していたとはいえないが、少子高齢社会の訪れは、社会政策・社会保障・社会福祉の再編縮小に方向づけられてきた、といえる。最低生活保障としての生活保護は、前述したように「最後のセーフティネット」として機能しづらくなっているし[4]、派遣労働者などの無権利状態と生活保護水準以下の境遇は、19世紀の産業革命期にいるかのような印象を与える[5]。

　3領域の成立史に見られる重要なことは、国民の豊かな生活を求める、その権利性にあると思う。諸個人の私的努力の限界を超えて発生する貧困などの生活問題の解決は、文字通り努力の限界を超えているのであるから、公的セクターによる解決によるしかないのが当然である。そこに政府や地方自治

---

[4] 現在の貧困問題を広範囲に扱っている好書に、岩田正美『現代の貧困―ワーキングプア／ホームレス／生活保護―』（ちくま新書 2007年）がある。
[5] 中野麻美『労働ダンピング―雇用の多様化の果てに―』（岩波新書 2007年）は、労働法の改悪で生まれている派遣労働の実態をくまなく伝えている。

体などの公的セクターによる政策発動を要求する国民の側の権利性の根拠がある。「国民の権利」とは、社会保障関連の諸法に「国民の権利」を謳っているから「国民の権利」であるわけではなく、社会構造のひずみによって、個人の意思や解決努力を超えて発生する生活問題であるから、その解決を要求するのは権利である、といえるのである。貧困などの生活問題の、この種の社会性を剥奪して、あたかもその原因が個人の側にあるように見なし、私的解決に委ねて公費削減をねらうのが自立・自助論である。最近の格差論も、実はこうした成功への私的努力の如何でもって、格差の発生を当然視する風潮が見られることから、改めて「国民の権利性」は問われてよい問題であると思う。

第4節　生活構造と生活様式

　諸個人の生活の具体的な内容に関するアプローチという点では、社会科学全体とりわけ経済学をベースにしながら、これまでも歴史に残る多様な実態分析やルポなどが上梓されてきたところである。ここで扱うのは、その内容を紹介することではなく、現代生活のメカニズムに迫る、社会学における分析ツールとしての生活構造と生活様式という概念である。両者ともに広く一般に使われている用語であることから、多様に理解されてきたきらいがあるので、ここでは主として両者の守備範囲を確定し、かつ両者の関連を整理しておきたい。

　当然のことながら、諸個人の生活は、通例、家庭を舞台として衣食住に関わる財・サービスの消費という物質的過程を通じて執り行われている。この物質的過程を通じて展開される他者との協力・協働などの連関構造が、生活の共同的単位としての家族の内実をつくり上げるのである。今日の日本の家族に関しては、第4章で取り上げたので、ここでは衣食住という誰でもが行っている日々の生活の仕組みがどうなっているのか、に焦点を当てて生活

構造と生活様式を検討するわけである。具体的には、日本の現代生活に見られる家計の構造および家計と社会全体の仕組みとの関係がどうなっているのか、である。

　日々意識することもなく展開されているのが財・サービスの消費という物質的過程であるが、その際、現象的には、次の2領域が認められる。まず第1は、家庭もしくは世帯単位で個別的な生活要求にそって購買され消費される財やサービスの領域であり、具体的には、家庭もしくは世帯単位の貨幣支出である家計に示される、個別的消費の内容とその特徴である。また、家庭もしくは世帯単位の生活の実相は、生活時間の構成にも表出するが、ここでは割愛する。第2は、第1の家庭もしくは世帯単位での家計に対して、地域単位・全国単位で一括的・共通的に整備され供給される財やサービスの領域である。具体的には、電気・ガス・水道といったエネルギー体系、鉄道・道路・通信手段といった交通体系、学校・都市公園・病院といった生活・福祉体系などであり、一般には社会（的共通）資本と呼んでいるインフラ部門である。

　前者の「家族を単位とする日々の生活」を生活構造といい、前者を成立させている基礎条件である後者を生活様式という。両者の関係は、生活様式が生活構造の前提となっており、それぞれの時代ごとに種差的に編成されている生活様式が、諸個人の個別的生活である生活構造のあり方を規定している。たとえば、現代生活においては、家庭生活におけるエネルギーとして、誰でもが電気・ガス・水道などを利用するしかない。また、通勤通学に際しては、道路や鉄道などの交通手段を利用するしかないのであって、代替する諸施設を個人的に建設することは不可能である。国民生活を下支えしているという意味での、これら生活基盤施設は、国民すべてにとって必要な施設であるからパブリシティ＝公共性を持っており、国や地方自治体などによって社会（的共通）資本として国民に提供されることで、諸個人の個別的生活が成り立っている。

観察すれば、直ちに分かるように、通例、生活研究とは伝統的に個別家族やその集合態である特定階級・階層を対象にした消費水準に関する研究であったので、いわば生活構造に関する研究であった。もちろん、この領域での研究が大切なことは自明であるが、個別家庭での財やサービス消費の対象となるものは、そのほとんどが現代生活では商品として販売されているのであるから、家庭での消費生活は、商品の生産や販売という社会的回路に裏付けられてはじめて成立する性格のものである。この自明な事柄は、もっと強調されてよいように思う。かつて人々は、日々の生活に際して他者との協力・協働を不可欠にしていた。食事は、主として主婦の調理労働に依拠することで食べることができたし、衣服もまた主婦の裁縫労働によって新調・修復されていた。そこでは、あえて説明するまでもなく、自然に、人と人とが協力して生きていく人間の生活が展開されていたのである。これに対比していえば、現代生活はどうであろうか。食品や衣服は、すでに商品として貨幣支出して手に入れるものでしかなく、それを手に入れることができる一定の収入さえあれば、他人の協力・協働なくしても消費でき、その限りで生活は自己完結している。現代生活のこうしたありようからは、労働を介して商品を生産している他者の顔を見ることはできなく、商品はモノでしかない。モノの背後にある他者すなわち社会性を感得できないときに、人はモノでしか生きられないヒトになる。商品に代表される物質的生活の繁栄は、その種の社会性への知覚を鈍化させてきた過程でもあった、ともいえよう。こうした変容は、いうまでもなく高度成長期に急速に進行した。社会史的に高度成長期を通じての変容をまとめてみると、次のようにいえよう。

　人口移動の点では、高度成長期に農村から都市への大量人口移動があった。第2章でも触れたが都市部人口（市部人口）は1955年にはじめて50%を超えて56.1%となった。2005年現在では、すでに86.3%が都市部人口である。こうして、農村部人口（郡部人口）は長期低落となり、冒頭に紹介したような限界集落が生まれているのである。人口移動の原因は、太平洋岸に集中す

る工業地帯で求められている労働力需要であった。新規学卒者が「金の卵」として「就職列車」に揺られて工業地帯に移動した。当然、このことは産業構造の大きな変化を伴っていた。1960年当時、農林業などの第1次産業就業者は32.7%であったが、2005年には5%を切るまでに激減した。かわって、製造業などの第2次産業は、1970年代半ばをピークにその後若干下がったとはいえ約30%に増大した。1965年には、第1次産業就業者の割合を第2次産業就業者の割合が追い抜いたのであった。同様に、第3次産業就業者は、高度成長開始期の約35%から約65%に膨張し、生活面では、農村生活に典型的な自家飯米消費の生活スタイルから、完全に商品消費に依存する社会が完成したのであった。1955年には、都市工業地帯に大量に流入した人口の住宅需要に対応するため住宅公団が創設され、商品消費による生活スタイルである都市的生活様式があこがれの対象となり、そうした住宅である「団地」が流行語となった。こうして、文化面では、それまでの地方ごとの風土に規定されて歴史的に創造されてきた個性豊かな地域文化が衰退していき、都市部に急速に定着したアメリカ型文化（情報・余暇が商品として流通し、国民がそれを貨幣消費する）が大衆文化として全国的に伝播した。日本人の伝統的な思想であった「節約」「身分相応」も時代遅れの感を否めず、個人の努力とその結果如何で社会的地位が決まるという業績主義が基本的思潮となったのであった。

　以上簡単にまとめたように、高度成長期に起こった出来事は、個別家族の生活を支える社会的回路すなわち社会（的共通）資本の整備・提供によって、個々の国民生活が成り立つようになったということであって、社会学ではそうした過程を「生活の社会化」と呼んできた。

　繰り返せば、「生活の社会化」とは、諸個人の個別的生活が、財やサービスの社会的な供給システムの成立・発展によってはじめて成り立つこと、つまり諸個人の個別的生活を支える共同的再生産部分の拡大現象を意味する。共同的再生産部分とは、都市住民が必ず使用し、それなくしては生活の再生

産（生き続けること）が不可能な道路運輸通信手段やエネルギーなどのように、一大体系すなわち１セットとなった諸施設を、都市住民全員が共同的に利用するからである。「生活の社会化」に関する議論は、1970年代中頃から興隆したが、これまでの扱い方は、これを肯定的に理解するのが基調であった。商品消費が拡大して生活器材に取り巻かれた生活スタイルは、長年日本人のあこがれであったし、高度成長期は、このあこがれの実現を日々体感できるほどの急速な変化を続けていた。だが、「生活の社会化」とは、その実、商品を生産したり供給したりする資本が、商品消費を介して諸個人を確実に捕捉していくという、アメリカ型の生活スタイルである「生活の資本主義化」に他ならない。このことを最も早くから指摘し、日本社会におけるその顕著な現れを端的に分析してきたのは、江口英一であった。江口は、「資本（独占資本）とそれに結びつく国家の支配下での、それへの社会的従属を深化するような性格での家計あるいは生活の『社会化』、あるいは労働者世帯生活の『資本主義的社会化』の側面」すなわち「労働者世帯生活の『社会化』＝『従属化』という側面」[6]を、総務省『家計調査』を用いて一貫して分析したきた。

　江口の分析枠組みは、食料、被服、身の回り品などの貨幣支出項目群として「（Ⅰ）個人的再生産費目」、商品化の点では（Ⅰ）と同様ながら、高度に発達した今日的資本主義段階として、大企業が生産する耐久消費財などの商品消費に関わる貨幣支出項目群として「（Ⅱ）商品的社会化による社会的強制費目（間接的社会化費目）」をあげ、これを①耐久消費財、自動車関係費などの、大企業製品でありデモ効果が大きいグループと、②交際費、贈与金、外食調理食品、被服関連サービスなどの、社会人としての身繕いや社会的体裁費目であり、現代の社会生活における標準的生活維持のための支出群に区分している。

6）江口英一『社会福祉選書12　生活分析から福祉へ―社会福祉の生活理論―』（光生館 1987年） p.185

さらに江口は、(Ⅲ)として、現代生活における「生活基盤」となっていて、その限りでは国民生活の「一般的条件」ともいえる消費支出の領域を、「直接的社会化としての固定的費目（公共的サービス部門を含む）」としている。この領域も区分されていて、①公共集合住宅（家賃）、交通通信、電気・ガス・水道、教育費などの、地域社会の共通的生活基盤に対する選択幅の狭い、つまり否が応でも支出せざるを得ない支出群、②社会保障、保険サービス、家事サービスなどの、公共的サービスの有料化に伴う個人負担部分であり、金融資本への従属を示す支出群をあげている。

　江口が分析作業に着手したのは、1980年代後半あたりであり、扱っているデータも1980年代はじめあたりまでである。『家計調査』項目を（Ⅰ）～（Ⅲ）に分類する作業手続きは精緻を極め、実証研究として考察の範囲も国際比較にまで拡張している。ここでの焦点は、江口の研究軌跡を紹介することではないので、江口の研究指針に基づいて、直近の『家計調査』までデータを延長してみたい。その際、前述した生活構造と生活様式という枠組みを江口の枠組みに追加してみたい。江口の分類の特徴は、「生活の社会化」現象を、国家などの公共セクターによる国民生活全般にわたる生活基盤整備、したがって国民の共同的利用に供される施設などを（Ⅲ）「直接的社会化」としていることであり、ほとんどが商品として流通していて、個人あるいは個別家庭単位で消費される財やサービスのうちで、比較的高額な家具・什器的性格を持つ器財を（Ⅱ）「商品的社会化」とし、比較的単価の低い食料などの日々の消費支出群を（Ⅰ）「個人的再生産費目」としていることである。したがって、おおむね、個人や個別家族単位での消費領域である生活構造には、（Ⅰ）「個人的再生産費目」と（Ⅱ）「商品的社会化」が該当し、共同的再生産領域である生活様式には（Ⅲ）「直接的社会化」が該当する、というのが筆者の考えである。

　以上のことをまとめたものが表6-1である。

　また、図6-1は、前述した江口の分析を2003年まで延長したものである。

表6-1 『家計調査』項目の分類―江口英一による『家計調査』項目の分類と例示―

	江口による分類		江口の言う「直接的消費支出費目」(消費支出における費目)	江口の言う「非直接的消費支出の支出費目」(非消費支出と実支出以外の支出における費目)	江口による注記
生活構造	Ⅰ 個人的再生産費目		食料(外食、調理食品を除く)、被服(洋服、シャツ・セーター類、被服関連サービスを除く)、たばこ、身の回り品、寝具、家事雑貨、家事用消耗品	Ⅰ′ 掛買	肉体再生産的日常の消費財で、ⅠⅢの社会化された費目と異なり、個人的消費傾向の強い費目。低経済成長下で消費支出の停滞性の強い費目。
	Ⅱ 商品的社会化による社会的強要費目(間接的社会化費目)	Ⅱ 商品的社会化①	家具家事用品(家庭用・家事用耐久財、冷暖房用器具、一般家具)、自動車関係費、教養娯楽用耐久財、洋服、シャツ・セーター類、保健医療用品・器具、医薬品、室内装備品、理美容用品、光熱(灯油・プロパン)	Ⅱ′ 月賦ローン支払	高度経済成長期以来市場独占率の高い大量生産による工業製品、デモンストレーション効果および商品市場性の強い費目。低経済成長下では消費支出の停滞性の強い費目。
		Ⅱ 商品的社会化②	交際費・贈与金、教養娯楽(同耐久財を除く)、一般外食・調理食品、被服関連サービス、一般仕送り金、こづかい、理美容サービス、諸雑費のその他		都市化の進展に対する生活防衛、社会の標準的生活維持・保全のための支出費目。また、社会化の著しく進行した消費費目で、市場を経由して供給される商品群、低経済成長下でも消費支出の増大傾向の強い費目。
生活様式	Ⅲ 直接的社会化としての固定的費目(公共的サービス部門を含む)	Ⅲ 直接的社会化①	①家賃・地代、設備修繕・維持、教育費、学校給食、修学仕送り金、交通・通信(電話を含む)、電気・ガス、水道、他の交際費	Ⅲ′ 土地家屋借入金返済(住宅ローン)、奨学金返済	社会的共同生活・地域社会の生活基盤確保のための公共サービス的色彩の強い、しかも個人の消費選択幅の著しく狭い財・サービスの消費費目。低経済成長下で消費支出の増大化傾向の強い費目。
		Ⅲ 直接的社会化②	②保健医療サービス(医療サービスの自己負担)、家事サービス(福祉サービスの自己負担)	Ⅲ″ 勤労所得税、その他の税、社会保障拠出金、負担費 Ⅲ‴ 貯金、有価証券購入、民間保険掛け金	公共的サービスの有料化に伴う個別家計の個人負担部分、今後増大が予想される。金融市場を経由して、国民経済循環に組み込まれる費目で、低経済成長下の不安定な家庭経済の中で、ますますその支出割合が増大する費目。

図6-1　家計費目の3分類

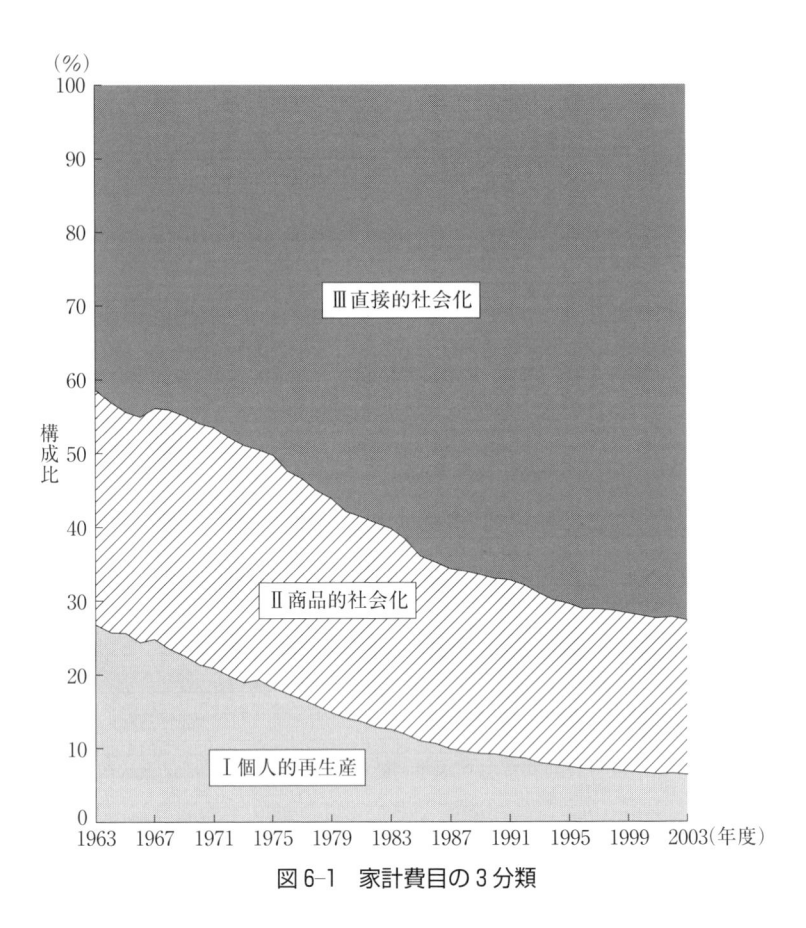

　この図から分かることは、江口が分析した1980年代初頭に比しても、さらに拡大し続けている（Ⅲ）「直接的社会化」の領域に大きな特徴があること、逆にどんどん構成費が低下している（Ⅰ）「個人的再生産」の領域、そして、あまり大きくは変化していないが、それでも縮小が認められる（Ⅱ）「商品的社会化」の領域である。
　これらは何を意味しているのであろうか。（Ⅲ）「直接的社会化」領域の急速な拡大は、前述したように全般的都市化のもとで全国民が公共的インフラ抜きでは生活できない状態が構造としてできあがり、これまた前述したよう

な生活困難や生活危機に際しての自助・自立の強制が、応能負担による利用者負担の増大を招き、つつましやかな個人生活の領域である（Ⅰ）「個人的再生産」の領域を圧迫しているのである。ここに、「構造改革」後の「格差社会」の現実すなわち一部の人々の物質的豊かさがある一方で、他方では、広範に広がる諸個人の悲惨な現実生活があるのである。また、（Ⅱ）「商品的社会化」の領域の沈滞は、高度成長期に見受けられたような、都市的生活様式の普及が耐久消費財への需要を促していき、消費需要がさらなる生産規模の拡大につながるという生産と消費の好循環が、現時点では見つからないからである。携帯電話などの情報端末は、技術の点では革命的だが、その普及が、高度成長期のように日本人全体の生活スタイルを全く新しいタイプのものに変えるまでのインパクトを与えているのかというと、そうではない。製品寿命が短くモデルチェンジが頻繁で、耐久消費財に比して単価の低い、これらの商品は、「消費控え」を覆すほどの生活革命器材にはなりきれていないのである。

　以上、簡単に江口の分析方法を現代につなげてコメントしてきた。『家計調査』を、江口ほどの精緻な切り口でなく、もっと簡便に利用する方法もあろう。たとえば、現代生活で国民が、一般市民としての標準的生活（見苦しくない生活水準）を送るためには、絶対に支出しなければならなくなっている費目に注目したい。江口流にいうならば、社会的強制費目あるいは社会的体裁費目の類である。消費支出中の光熱・水道費、被服および履物費、交通・通信費、その他の消費支出中の諸雑費、こづかい、非消費支出中の直接税、社会保険料、実支出以外の支出中の土地家屋借金返済などの支出総額がそれに該当する。『家計調査』における勤労者世帯の「1世帯当たり1ヶ月間の収入と支出」表を用いて試算してみる。これらの費目の合計が、勤め先収入額（世帯主・配偶者・他の世帯員の収入の総額）に占める割合は、46.30％（2000年）、46.21％（2001年）、47.26％（2002年）、46.88％（2003年）、47.26％（2004年）、47.64％（2005年）である。勤め先収入の実額は、44万5851円（2005年）であ

り、そこそこの収入金額であるといえる。しかし、現代生活では、そのうち半分が社会人としての体裁を保った生活を維持する上で定常的かつ強制的に支払わなければならない支出となっているのである。諸個人の趣味嗜好に合わせて支出できる、自由裁量の効く範囲は残った半分でしかないのである。「生活の社会化」＝「生活の資本主義化」とは、諸個人の自由な消費生活の実現であるわけではないことになろう。

社会学の課題

　生活研究は、貧困研究の系譜として理解するなら、社会科学のなかで長い伝統を持ってきた。今日の時点で重要なことは、社会学が生活研究で果たし得る独自の領域は何であるのか、にあると思う。江口の研究も、生活の実態を家計面から分析する方法ではあっても、諸個人を取り巻く社会関係やそのなかでの人間としての主体的な生活態度のありようを問うものではない。この側面から生活を研究する方針は、極めて少ない。タウンゼントの相対的剥奪論も、社会的活動への不参加や快適な生活に必要な資源の不足などにまで貧困概念を拡張したとはいえ、実態的には物質的生活水準に関する分析である。

　諸個人の社会関係や生活態度の点で、参考になるアプローチは真田是に見られる[7]。すなわち、独占体の支配が文化・マスコミ・イデオロギーといった上部構造（国家機構・行政制度・法律体系・社会意識形態）にまで浸透することによって、その影響を受けた主体の側に、社会問題の解決力能たる生活態度の衰退や社会関係の退廃をもたらす結果、主体の消耗やスポイルが見られることを「行為の社会問題」と呼んでいる。これに対して、生産関係に占める位置から発生する労働問題的な低収入という階層的な貧困問題を「状態の社会問題」としている。図で示せば図6-2のようになろう。

7）真田是『社会問題と資本主義社会』（汐文社　1972年）

```
社会 ──────状態の社会問題──────→ 生活問題
 │                                    ↑
 ↓                                    │
文化・社会関係の ──→ 生活主体の生活態度や ──→ 行為の社会問題
  問題状況            生活意識
```

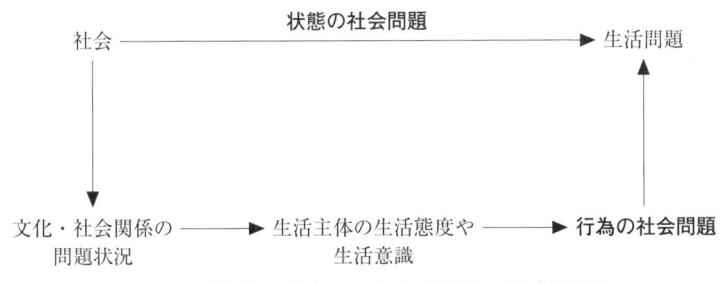

図6-2 「状態の社会問題」と「行為の社会問題」

　この枠組みは、特定階層などに集中して現れる集合的な貧困問題を「状態の社会問題」とするが、現代社会での社会問題は、それ以外にも社会状態や文化状態の影響を受けて、諸個人の生活態度や問題解決運動にもマイナスの影響を与える社会的回路があることを示している。そのようにして発生する、諸個人が「社会」から遊離した問題性を照射しようとする考えである。実態的には、帰属する階層性を反映して特定個人が「状態の社会問題」の担い手となるだけでなく、苦しい生活問題のなかで社会的孤立にさらされて、問題解決能力を失っていき、「行為の社会問題」に陥って生活意欲を失うことは、特異な現象ではない。

　こうした具体的諸個人が置かれた社会環境を照射する研究方針の建て方が必要になっており、社会学はこの分野での新たなパラダイムを求めているのである。

索　引

■ア　行

アノミー的自殺　45, 47-8
エリザベス救貧法　114
御土居　97

■カ　行

核家族　70, 74, 77
拡大家族　61-2
家族　59-61, 70, 77-8
価値合理的行為　49-50
感情的行為　49
記述式　63
逆コース　26
救貧　116
救貧法　114, 116-7
　——の廃止　116
救貧法制　114-5, 117
救貧法擁護論　116
教区　114
教区簿冊　12-3, 15
共同体　3, 5, 53, 88
近代主義　21, 27, 30-1, 36-9
経営所婿取婚　64, 66
経済外的強制　17-8
経済的社会構成体　21
検地　94, 97
高度成長　19-20, 24, 29-30, 42, 59-60, 74, 102, 105-6
高度成長期　19, 28, 70, 74, 112, 123, 125, 129

■サ　行

地下掟　93
自検断　93
自己本位的自殺　45-6
自殺論　45
シビル・ミニマム　105-6

——論　104-5
社会圏　1, 3-4, 9, 12
社会資本　55
社会政策　118-20
社会的共通資本　55-6
社会福祉　118-20
社会保障　118-20, 126
集合表象　45
集団本位的自殺　45
住民自治　91
娶嫁婚（嫁取婚）　64
招婿婚（婿取婚）　64
商品消費　59, 72-3, 124-5
新救貧法　116
新全国総合開発計画（二全総）　29, 105
親族呼称　62-4
生活圏域　87
生活構造　121-3
生活の社会化　124-6, 130
生活保護　120
生活様式　121-2
摂関期　92, 100
戦後型市民社会　28, 30, 34
全国総合開発計画　29
惣村　25, 93-4, 100
村落共同体　1, 4, 8-9, 15

■タ　行

第1次ストライク調査団　26
第3次全国総合開発計画（三全総）　107
第4次全国総合開発計画（四全総）　108
単婚家族　61-2, 64-5
地域共同体　5-6, 10
地域主義　106
　——論　104, 106
地域振興　104
中間団体　5-7, 10-1, 25, 42-3, 51, 60
中世自治都市　16-7, 53

133

町代　98-9
直系制家族　70
伝統的行為　49
ドッジライン　26
ドレーパー報告　26

■ナ　行

内発的発展論　104, 108-9
農村共同体　8
農地改革　22-4, 102

■ハ　行

非正規就業者　41-2, 55
　——化　85
貧困　112-3
福祉国家　29, 120
福祉社会　35
プラザ合意　31
プロト工業家族　17
兵農分離　94, 100
防貧　117

ポーレー使節団　25

■マ　行

マルクス主義　20-1, 27, 30
ミーンズ・テスト（資産調査）　117
身分的周縁　4
執獒　66
村請　93-4
村請制　94-5
村切り　95, 100
目的合理的行為　49-50

■ヤ　行

嫁入り（嫁取婚）　66
嫁取婚　66, 69

■ラ　行

理解社会学のカテゴリー　48
類別式　63
ル・シャプリエ法　2
労働力流動化政策　24

著 者 紹 介

河野　健男（こうの・たけお）
1950年生まれ。同志社大学文学部社会学科卒業。立命館大学大学院社会学研究科博士課程単位取得退学。山口大学教育学部教授を経て、2000年より同志社女子大学現代社会学部教授
共著に、『部落問題解決過程の研究　第3巻　現状・理論篇／資料篇Ⅰ』（部落問題研究所 2014年）、『京阪神都市圏の重層的なりたち』（昭和堂 2008年）、『京都のまちの社会学』（世界思想社 2008年）、『近代日本文化の再発見』（岩田書院 2006年）など

| 日本社会の変化と社会学 |
| ―家族・地域・生活の場面から― |

2010年4月20日　第1版1刷発行
2017年4月5日　第1版2刷発行

著　者 ── 河　野　健　男
発行者 ── 森　口　恵美子
印刷所 ── ㈱東西インテリジェントプランニング
製本所 ── グ　リ　ー　ン
発行所 ── 八千代出版株式会社
　　　　　〒101-0061　東京都千代田区三崎町2-2-13
　　　　　TEL　03-3262-0420
　　　　　FAX　03-3237-0723
　　　　　振替　00190-4-168060

＊定価はカバーに表示してあります。
＊落丁・乱丁本はお取替えいたします。

© 2010 T. Kono

ISBN 978-4-8429-1517-3